सुष्मांजलि

एक काव्य संग्रह...

रंजीता अशेष

Indra Publishing House
www.indrapublishing.com

Published by:

Indra Publishing House
E-5/21, Arera Colony,
Habibganj Police Station Road,
Bhopal 462016
Phone : +91 755 4059620, 4030921
Email   : manish@indrapublishing.com
            pramod@indrapublishing.com
Web.   : www.indrapublishing.com

Copyright © 2016 रंजीता अशेष
Title : सुष्मांजलि
Author : रंजीता अशेष
Text Design : Pramod Singh & Creative Team

First Print : 2016
ISBN: 978-93-84535-60-5

₹ : 99/-

Printed & Published by Mr. Manish Gupta for Indra Publishing House,
E-5/21, Arera Colony, Habibganj Police Station Road, Bhopal 462016
INDIA

All rights reserved. No part of this publication may be reproduced, stored in or introduced into a retrieval system, or transmitted, in any form or by any means without the prior written permission of the author and publisher. Any person who does any unauthorized act in relation to this publication may be liable to criminal prosecution and civil claims for damages.

Information contained in this work is obtained by the author and publisher from sources believed to be reliable. The publisher and its authors make no representation or warranties with respect to accuracy or completeness of the contents of this book and shall not be liable for any errors, omissions or damages arising out of use of this information. Dispute if any related to this publication is subject to Bhopal Jurisdiction.

भूमिका

रंजीता अशेष की कविताओं की पांडुलिपि पढ़ने का अवसर मिला। यूँ तो हर व्यक्ति के मन में विचारों की उथल पुथल और आकुलता होती रहती है, लेकिन उन्हें कागज पर उतार कर कविता का रूप देने का काम बहुत कम लोग दे पाते है। ''वियोगी होगा पहला कवि और आह से उपजा होगा गान'' की बात हो या एक बहेलिए द्वारा क्रोंच पक्षी के वध उपरान्त डाकू वाल्मिकी का महर्षि वाल्मिकी बन जाने की प्रक्रिया इसी मनोभावना की परिचायक है। इस दृष्टि से रंजीता की कविताएँ कुछ सम्भावनाएँ जरूर जगाती है। अपनी माताजी के निधन के उपरान्त उनकी स्मृति को जिस तरह उन्होनें शब्दो से सहेजा है, वह महज भावनाओं में बहकर कागज पर उतारी गई संवेदनाएँ नही, वरन भोगा हुआ यथार्थ और एक बच्चे का अपनी माँ के प्रति लाड़, प्यार, दुलार और इससे परे एक अदृश्य आत्मिक रिश्ता भी है।

चाहे सामाजिक सरोकारों से संबद्ध विषय हो अथवा पर्यावरण और परिवेश से जुड़े आयाम, सभी पर कवियित्री ने कलम चलाई है। वर्षा, जल, बादल, पेड़, हवा, तूफान, सूर्य, चाँदनी, धूप और बाग-बगीचों के प्राकृतिक सौंदर्य की बात हो या रिश्तों के ताने बाने से गुम्फित विषय हो सभी पर उन्होनें अपनी अभिव्यक्ति की दिशा सहज और सरल रूप से दर्शाई है। एक मिलेट्रीमैन की पत्नी होने की अनुभूति को भी उन्होंने शब्दों में पिरोया है। वहीं तिरंगा कविता के माध्यम से देश की आन, बान और शान के प्रतिकों की बानगी भी दिखाई देती है। आतंकवाद जैसी समस्या की विकरालता को महसूस करते हुए उन्होनें मानवता के प्रति अपनी प्रतिबद्धता को भी दर्शाया है। रंजीता की कविताओं में- बचपन, माँ का आँचल, गुड़िया, बाबुल, रेलगाड़ी जैसे प्रतीकों के माध्यम से जीवन के प्रथम पड़ाव की मासूमियत की झलक मिलती है।

कुल मिलाकर यह कहा जा सकता है कि रंजीता ने अपने इस प्रथम प्रयास में बिना शब्दाडंबर के प्रर्दशन किये केवल मानवीय दृष्टिकोण को सामने रखकर

बगैर लाग लपेट के अपनी भावनाओं को अनगढ़ तरीके से कागज पर उतारनें की ईमानदार पहल की है। उनकी यह दृष्टि एक नए आयाम को छूनें की दिशा में अग्रसर हो सकती है। इसी निष्ठा समर्पण और मेहनत से रंजीता की काव्य यात्रा अनवरत जारी रहेगी। यही संभावनाएँ उनका यह प्रथम काव्य संग्रह जगा रहा है।

शुभकामनाओं के साथ

प्रकाश साकल्ले
अतिरिक्त संचालक जनसंपर्क (से.नि.)
पूर्व रजिस्ट्रार माखनलाल चतुर्वेदी
राष्ट्रीय पत्रकारिता एवं संचार वि.वि.
भोपाल (म.प्र.)

श्रद्धांजलि

मेरी सम्पूर्ण कृति मेरी स्वर्गवासी माँ श्रीमती सुषमा सहाय को समर्पित है। यह एक बेटी की श्रद्धांजलि हैं, उस माँ के लिए जिसने अपना पूरा जीवन अपने परिवार को अर्पित कर दिया।

मुझे याद है वह संघर्ष के दिन जब माँ हम बच्चों और परिवार के लिए कर्मयोगी बनी हुई थी उसने सदैव जीवन की मुश्किलों का सामना करने के लिए सकारात्मक सोच रखने की सीख दी। ''धैर्य हर मुश्किल और जटिलता को दूर कर सकता है'' ऐसा उन्होने हमें सिखाया था। आज हमारे सहाय परिवार का अस्तित्व माँ के ममत्व से प्रेरित है।

उनके जाने से जो खालीपन हमारे जीवन में आया है उसे बयां करने के लिए कोई शब्द नहीं है। एक ममता की मूर्ति जो ईश्वर की अनुपम देन है हमें हर पल नई राह दिखाती है। जब कभी मैं उनका स्मरण करती हूँ वे सदैव मेरी आँखों के सामने साक्षात खड़ी नज़र आती हैं। ऐसी हमदर्द, मार्गदर्शक और देवी स्वरूप माँ के चरणों में सादर नमन।

रंजीता अशेष

आभार

मैं अपनी पहली किताब उन सभी को समर्पित करती हूँ जिन्होंने कदम-कदम पर मेरा साथ दिया और मेरे सपनों को यथार्थ में बदलने में मेरी सहायता की।

सर्वप्रथम मेरे काव्य संग्रह को पूरा करने में स्केच आर्टिस्ट- श्री अनिरुद्ध सिंह का अमूल्य योगदान रहा है। काव्य संग्रह को किताब का रूप देने के लिए मैं इन्द्रा पब्लिशिंग हाऊस की तहेदिल से आभारी हूँ ।

मैं ईश्वर की ऋणी हूँ कि उन्होने मुझे इतना अच्छा परिवार दिया जिनके प्रोत्साहन ने मुझे आगे बढ़ने की प्रेरणा दी । मेरे पिताजी - श्री मदन नन्दन सहाय, मेरे भाई रोहित सहाय एवं राहुल सहाय, मेरे सास ससुर श्री अनिल लाल एवं श्रीमति रेशम लाल, मेरे बच्चे अभिज्ञ, इपशिता और मेरे हमसफर, मेरे मार्गदर्शक मेरे पति लेफ्टिनेंट कर्नल अंशुल अशेष ।

आप सब का असीमित प्रेम और मनोबल ने मेरा सफर सरल कर दिया । मैं आभार व्यक्त करना चाहती हूँ उन सभी मित्रों का जो मेरे साथ हर मोड़ पर मुझे दिशा निर्देश देते रहे ।

धन्यवाद आप सभी को

कविता क्रम

प्रेम 11
1. माँ का आँचल 13
2. चाँद की चाँदनी 15
3. कौन 17
4. ख्वाब 21
5. आप 23
6. दोस्त 27
7. बाबुल 31
8. सास नहीं माँ हैं आप 35
9. भक्ति 39
10. तड़प 41

प्रेरणा 43
11. मुझे बहने दो 45
12. लहरें 49
13. शतरंज 53
14. रोटी 57
15. मंज़िल 59
16. मझधार 61
17. रेलगाड़ी 63
18. अकेला हूँ मैं 65
19. समय ज़रा ठहरो 67
20. पतंग 69

प्राकृतिक सौन्दर्य 71

21. कर्सियोंग 73

22. बादल अब तुम जाओ 77

23. दूर खड़ा मैं 81

24. रात की रानी 83

25. बरखा 85

26. सर्द धूप 89

27. सुरीली आवाज़ 91

28. भौंरा 95

29. दूर गगन के वासी 97

30. सारा जहाँ तुम्हारा है 99

समर्पण 101

31. आतंकवाद 103

32. तुफान 107

33. हे वीर जवान 111

34. प्यारा चमन 115

35. तिरंगा 119

36. गुड़िया 123

37. बचपन 127

38. पेड़ 131

39. क्रोध 135

40. माँ मुझको बहुत याद आती हो तुम 139

प्रेम

- 1 -

माँ का आँचल

सुबह - सुबह जब
सूरज को उठता पाया,
चिड़ियों की चहक और फूलों की महक
से सारे आँगन को मस्ताते पाया,
दूर से चली आ रही थी मेरी माँ
आज हवा को भी उसके आँचल को सहलाते पाया ।

घर से जब निकली थी वो
चूड़ी, कंगन, झुमके पहनी थी वो
हाथों मे मेहंदी, पैरों पे महावर
आँखों मे काजल और कुमकुम माथे पर
उसके सलोने रूप को देखकर
फूलों को भी शरमाते पाया,
आज हवा को भी उसके आँचल को सहलाते पाया ।

गंगा के तल सा मन
जमुना के जल सा तन
सरस्वती के तिल सा जीवन
मेरी माँ मानो त्रिवेणी का हो संगम
करके पूजा तुलसी की
मेरे सर पर हाथ फेरकर
माँ को मैंने मुस्काते पाया,
आज हवा को भी उसके आँचल को सहलाते पाया ।

Anirudh

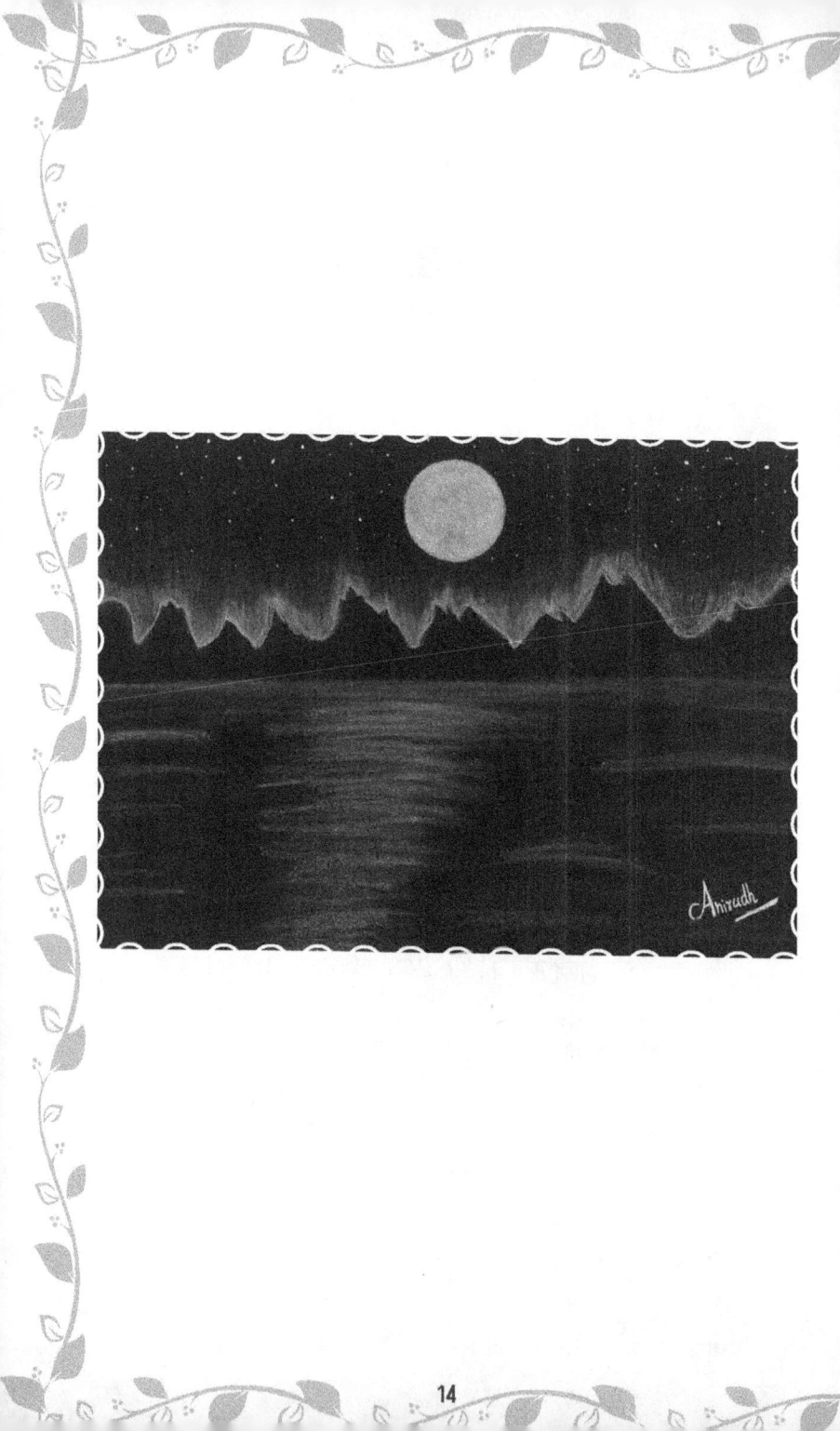

- 2 -
चाँद की चाँदनी

चाँद की शरारत देखते ही बनती है,
उसकी मदभरी करामात देखते ही बनती है,
ऐसी चाँद की मदहोश चाँदनी में
तुम्हारी चाहत देखते ही बनती है ।

      उसकी रोशनी मानो नहला रही हो,
      उसकी चमक मानो बहला रही हो,
      ऐसी चाँद की छू लेने वाली सादगी में
      तुम्हारे कदमों की आहट देखते ही बनती है ।

उसका बादलों मे बिन बोले छिप जाना,
उसका तारों संग इठलाना, मस्ताना,
ऐसी चाँद की अलबेली शाम में
तुम्हारी आँखों की खामोशी देखते ही बनती है ।

      उसका घटाओं से डर जाना,
      सुबह होते ही धरा से मुकर जाना
      ऐसी चाँद की अनछुई चाँदनी में
      तुम्हारी बेपनाह मोहब्बत देखते ही बनती है ।

Anirudh

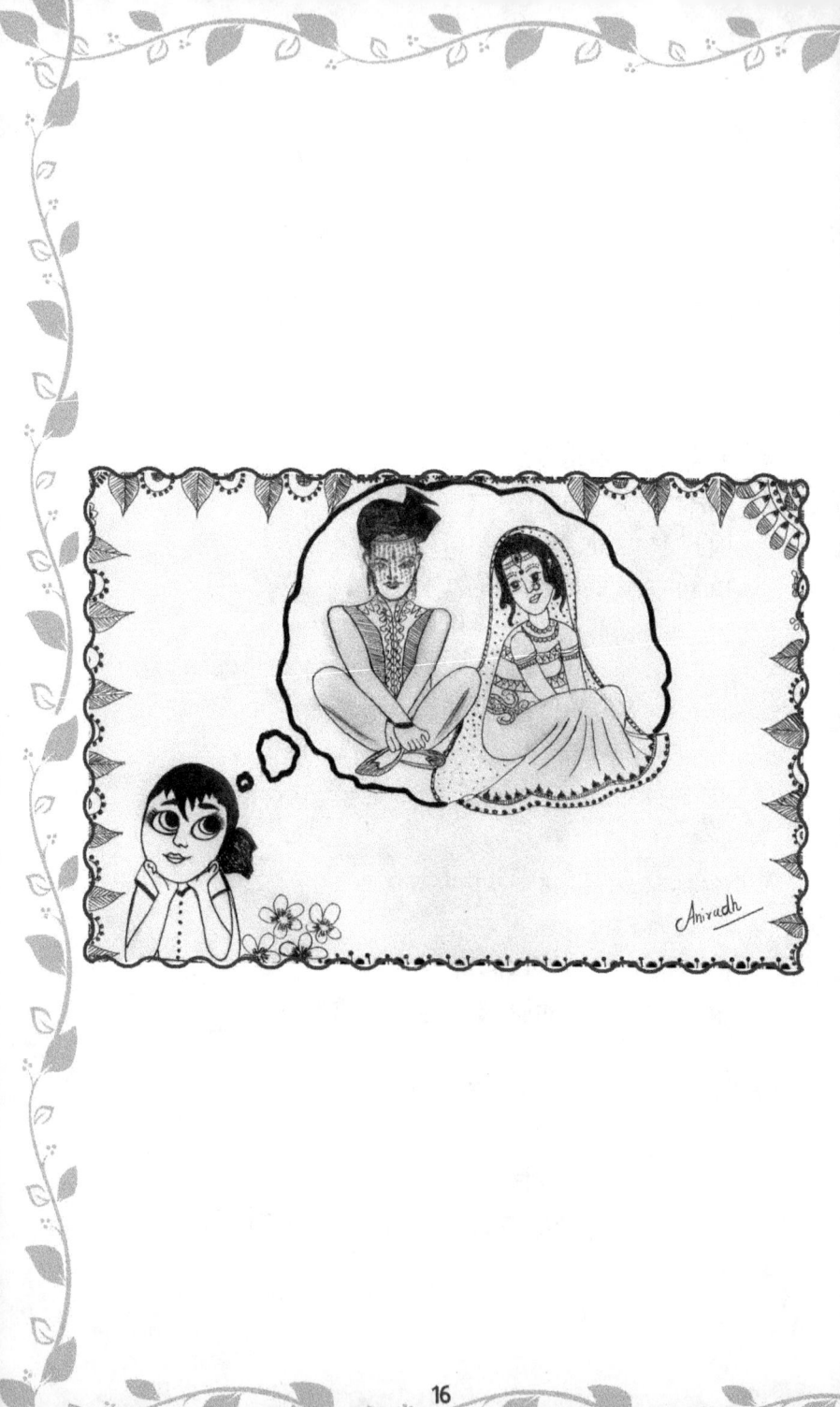

- 3 -

कौन

ढलती धूप की वो अंगड़ाई,
जैसे आती है वो अनदेखी तन्हाई,
उसी समय पवन का इतराना
मेरे नन्हे से दिल को यूँ ही छेड़ जाना ।

हिंडोले लेती मस्ताती हर पल,
चाँद के आने से शरमाती हर पल,
मेरे आँखों मे यूँ ही भर देती
एक अनजाने सपने की हलचल ।

उस सपने का आभास भर
कर देता जीना दूभर,
ऐसा लगता इन पलकों को मैं
कभी ना उठाऊँ,
जैसे चलती हो चाँदनी रात संग
मैं भी उस रात मे गुम हो जाऊँ ।

उस अन्जाने अजनबी को सोचते ही
तारों ने सरगम बजाया
उसकी भीनी सी खुशबु ने मानो
मेरा तन-मन महकाया ।

जब देखा पेड़ों को हिलते,
आपस मे यूँ प्यार से मिलते,
लगता जैसे वो मेरे पास है,
दूर है मगर चाहती उसको हर साँस है,
कौन हो तुम, जो मेरे सपनों में सुरूर बनकर आते
कौन हो तुम जो ना होते हुए भी
मेरी आँखों मे नूर बनकर छाते ।

Anirudh

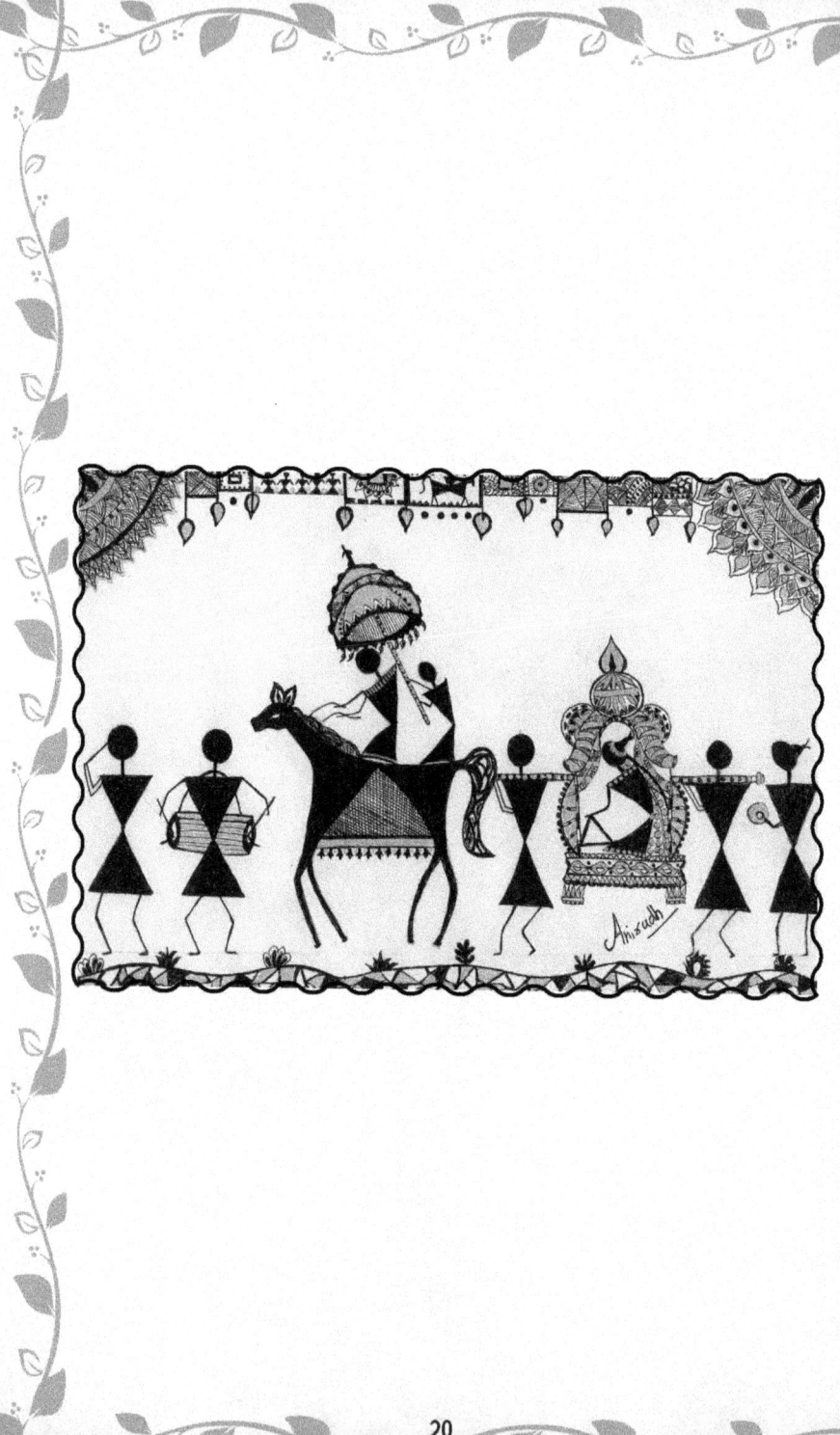

- 4 -

ख्वाब

वो पल मानों वहीं थम सा गया,
मेरा मन ना जाने किसमें रम सा गया,
बचपन से जो सोचा था कभी
वो अजनबी मुझे अचानक जम सा गया।

सब कुछ एक सपना सा लगे,
कैसे कोई अचानक अपना सा लगे,
ना जाने किसने दीवाना किया मुझे
अब तो हर लम्हा बेगाना सा लगे।

जो ख्वाब था कभी,
उसको चेहरा मिल गया,
मिलने को जो आतुर थे कभी
उन नैनों को बसेरा मिल गया।

यूँ ही कैसे टकरा जाते हैं दो अन्जाने,
रास्तों पर चलते-चलते ही बन जाते हैं अफसाने,
जिसके प्यार से जीवन खिल जाता है,
कोई तो बात होगी जो लाखों में
एक हमसफर मिल जाता है।

Anirudh

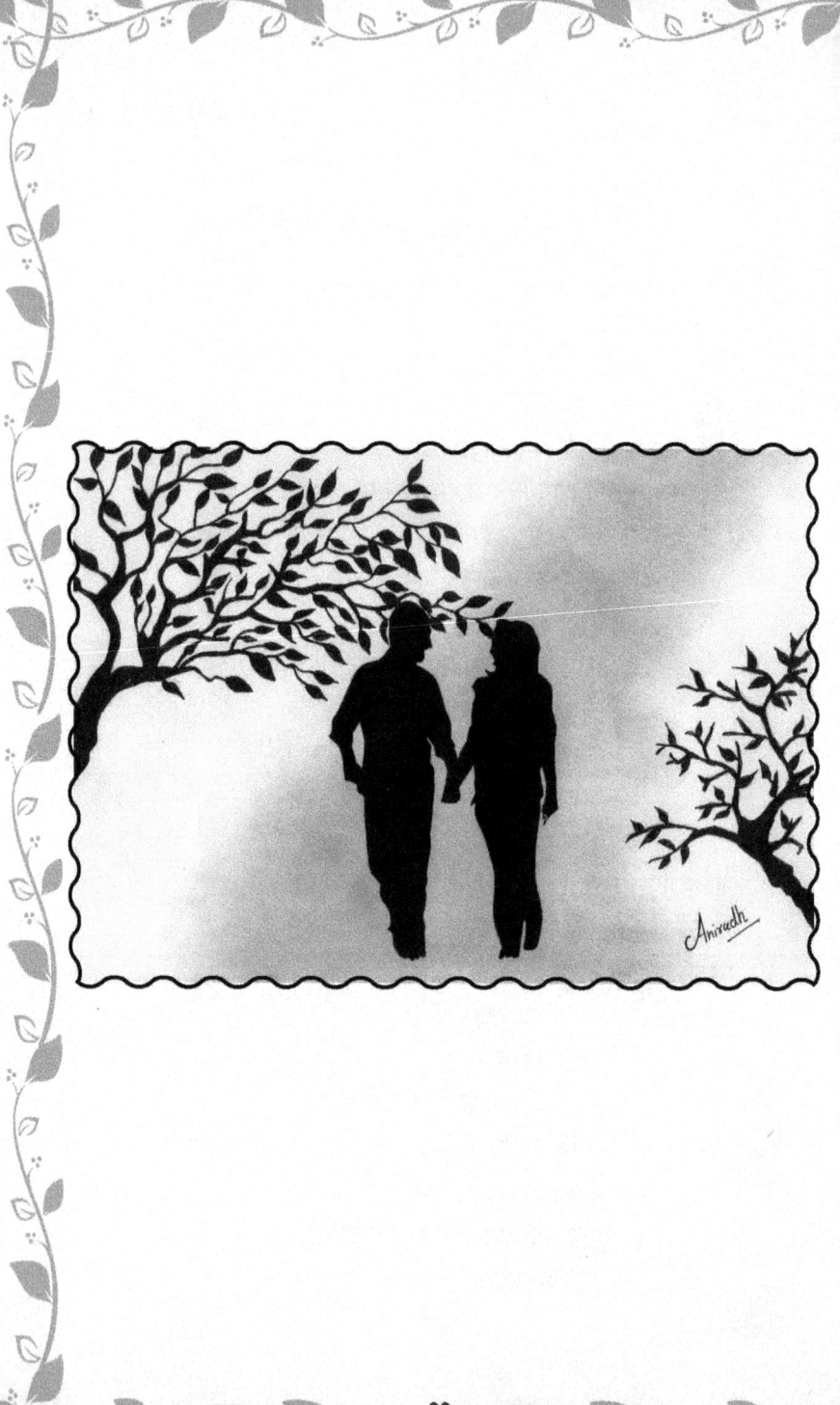

- 5 -

आप

एक दिन अचानक बैठी थी यूँ ही,
आने वाले कल के सपनों में खोई,
तभी लम्हा कुछ यूँ ठहर सा गया
याद आने लगा वो वक्त जो गुज़र गया ।

      जब मैं पहुँची थी दूर अपने घर से,
      एक अन्जाने रिश्तों की बाँधने डोर,
      तब थोड़ी खुशी थी, थोड़ा असमंजस
      चेहरे ही चेहरे थे मेरे चारों ओर ।

कुछ थे जाने माने, कुछ थे अन्जाने,
उन चेहरों में एक चेहरा मुझे भा गया,
रहती थी इंतजार में वो अजनबी
मेरे दिल के दरवाजे तक चुपके से आ गया ।

      मेरे मन में कई थे सवाल,
      जिसके जवाब को मैं जानना चाहती थी,
      जब भी बातें करती थी आपसे
      अपने आप ही समन्दर की लहरों से तर जाती थी ।

आपके अल्फाज़ों मे गुमान मिलता नही,
आपकी आँखों मे गुरूर दिखता नही,
आप तो उस रवि के समान हैं
जो सबको चमक बाँटते हुए कभी थकता नहीं ।

        आपको जानकर ऐसा लगा,
        जैसे भटकते राही को मंज़िल मिल गई,
        रहना साथ मेरे हरदम कि, आपके आने से
        मेरे दिल की हर कली खिल गई ।

Anirudh

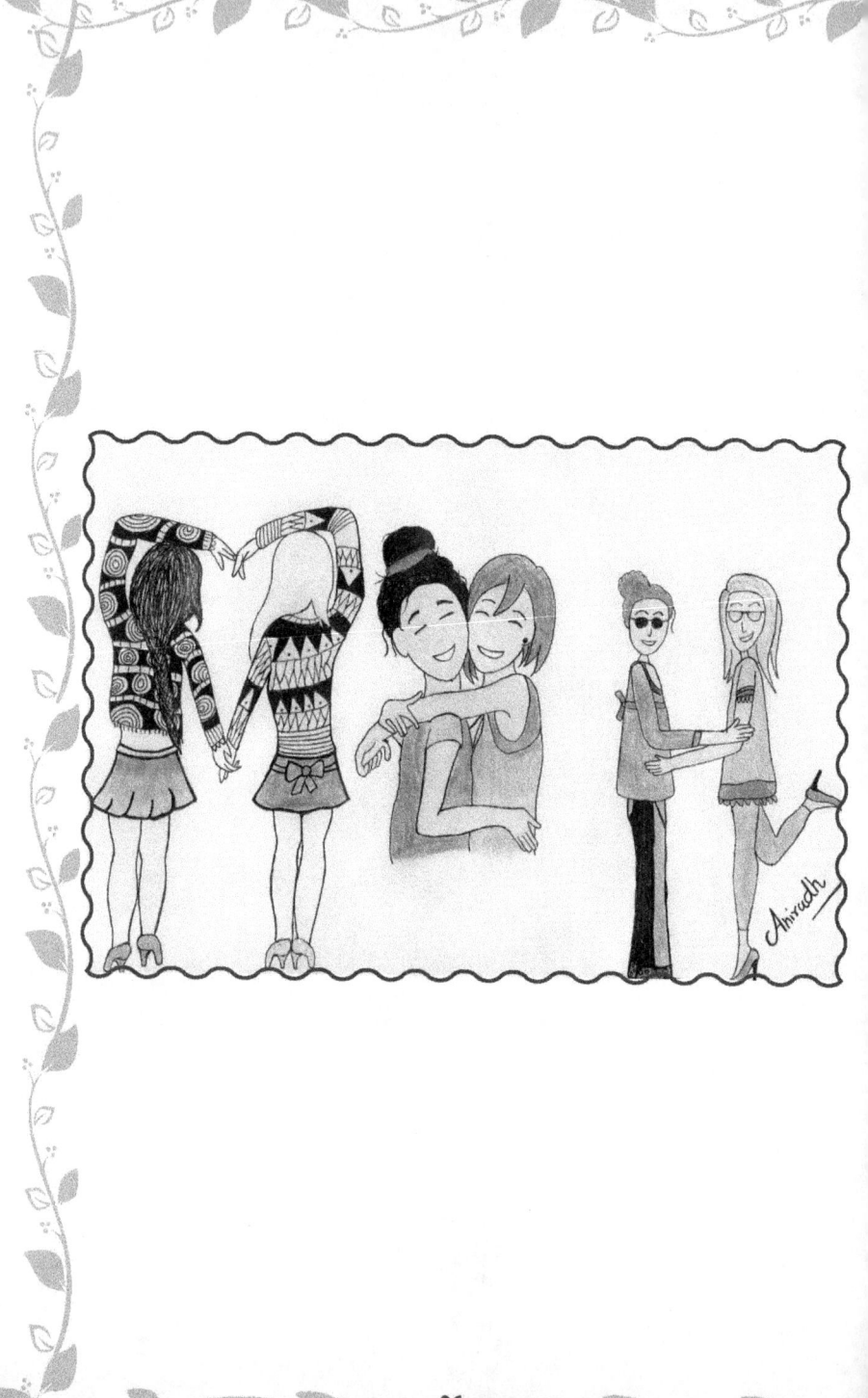

- 6 -

दोस्त

तुम करती रहो ऐसे ही प्यार,
रब से यही करूँगी दुआ,
हँसती रहो खिलखिलाती रहो,
चाँद तारो के समान जगमगाती रहो,
जाओ कहीं भी तुम यहाँ से
सारा जहाँ महकाती रहो ।

तुम जिसको भी छुओ,
हो जाए वो दुख से मुक्त,
जगाओ हर उस इंसान में,
जिन्दगी की लहर जो है सुप्त,
तुम्हारा चेहरा, तुम्हारा रूप,
जैसे सावन के महीने में
आई हो सर्द धूप ।

ज़िन्दगी के रास्तों में,
भूलकर ही सही टकरा जाना,
राही है सब अलग पर फिर भी,
बिछड़ो को ना भूल जाना,
तुम जैसी हसीन हो, रहना वैसे ही सदा,
दोस्ती निभा रही हो,
भूले बिसरे ही फर्ज़ कर देना अदा ।

तुम्हारी मुस्कान को लगे ना किसी की नज़र
कली खिलती है, राही मिलते हैं
ऐसे ही मिले, तुम्हें तुम्हारा हमसफर

तुमसे हमने जीना सीखा,
तुम ही हो ज़िंदगी का तरीका,
हम तो बेसुध चट्टान थे,
तुमने तराशा तो इंसान थे ।

Anirudh

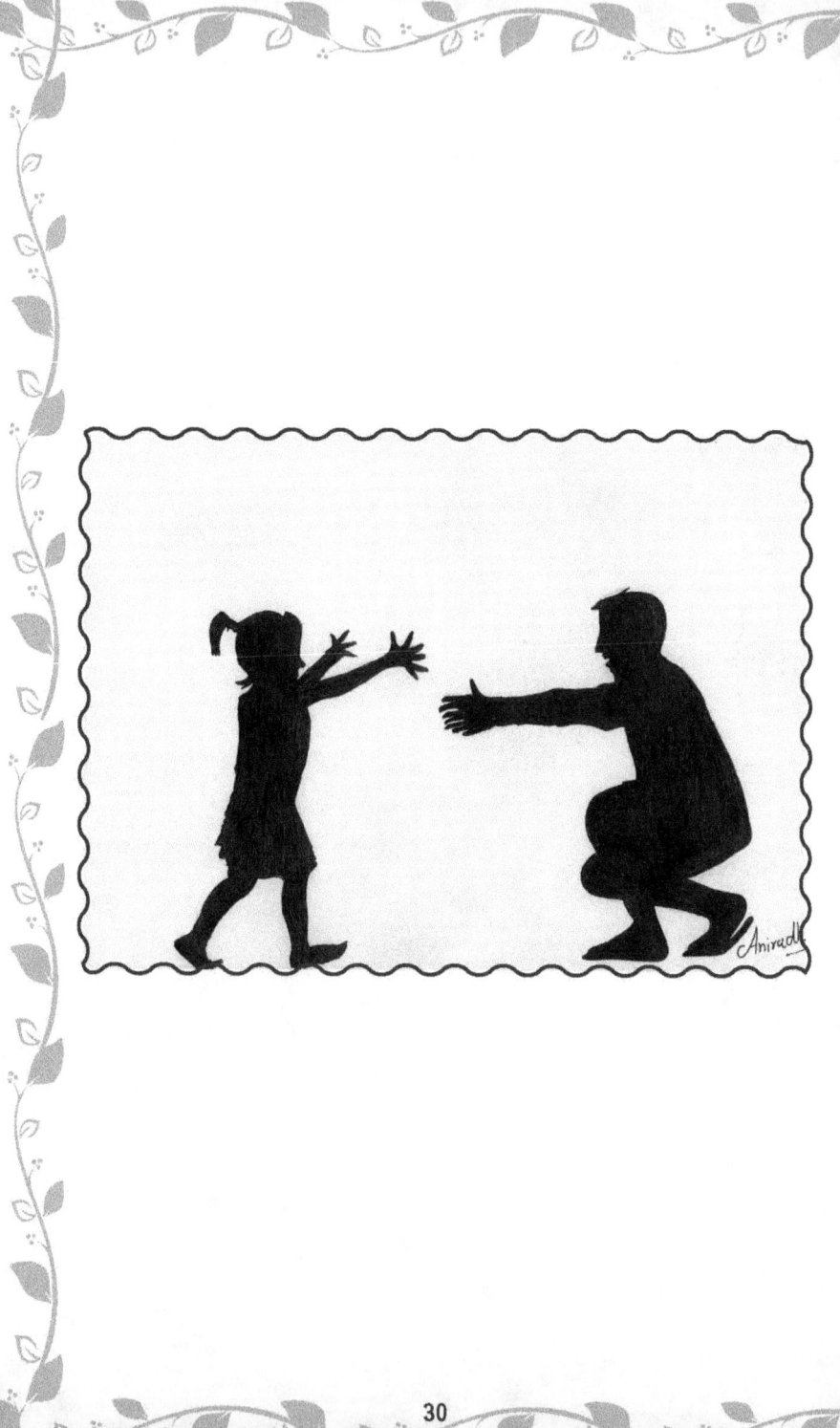

- 7 -

बाबुल

कैसे पराया होने लगा,
ये मेरा अपना घर,
जिन खुशियों मे साथ रहे
अब उनसे ही, हो जाऊँगी बेखबर।

        ये कैसी रीत है समाज की,
        फूलों के गुलिस्तां का एक सुमन,
        गया किसी की बगिया महकाने
        हो गया किसी को अर्पण।

जिस माली ने उसको बोया,
सींचा कितने प्यार से,
पल-पल उसकी रक्षा करता
धूप, बर्फ, बौछार से।

        उसके आँगन में वो खिलती,
        पाती अपनी साख वो,
        उसको छोड़ चल दी
        थामे अजनबी का हाथ वो।

एक विश्वास मन में लिए,
प्रीत की डोर से बाँधकर,
रहेगी उसकी सुगंध अलौकिक
रखेगा वो अजनबी उसे संभालकर ।

      जिस आँगन की माटी मे खेली,
      जहाँ गूंजे हर पल उसकी हँसी ठिठोली,
      अचानक कैसे बाबुल को छोड़
      साजन की हो ली ।

याद आने लगती बरबस,
बाबुल की दुलार भरी बातें,
कुछ तो छूट रहा है मेरा
जिसको तकती मेरी आँखें ।

      बिदाई की बेला थी,
      मिल रहा था नया जहाँ,
      पर मैं अकेली थी,
      विदा होते-होते,
      आँखें मेरी भर आई,
      बाबुल के आँगन की कली
      आज हो गई थी पराई ।

Anirudh

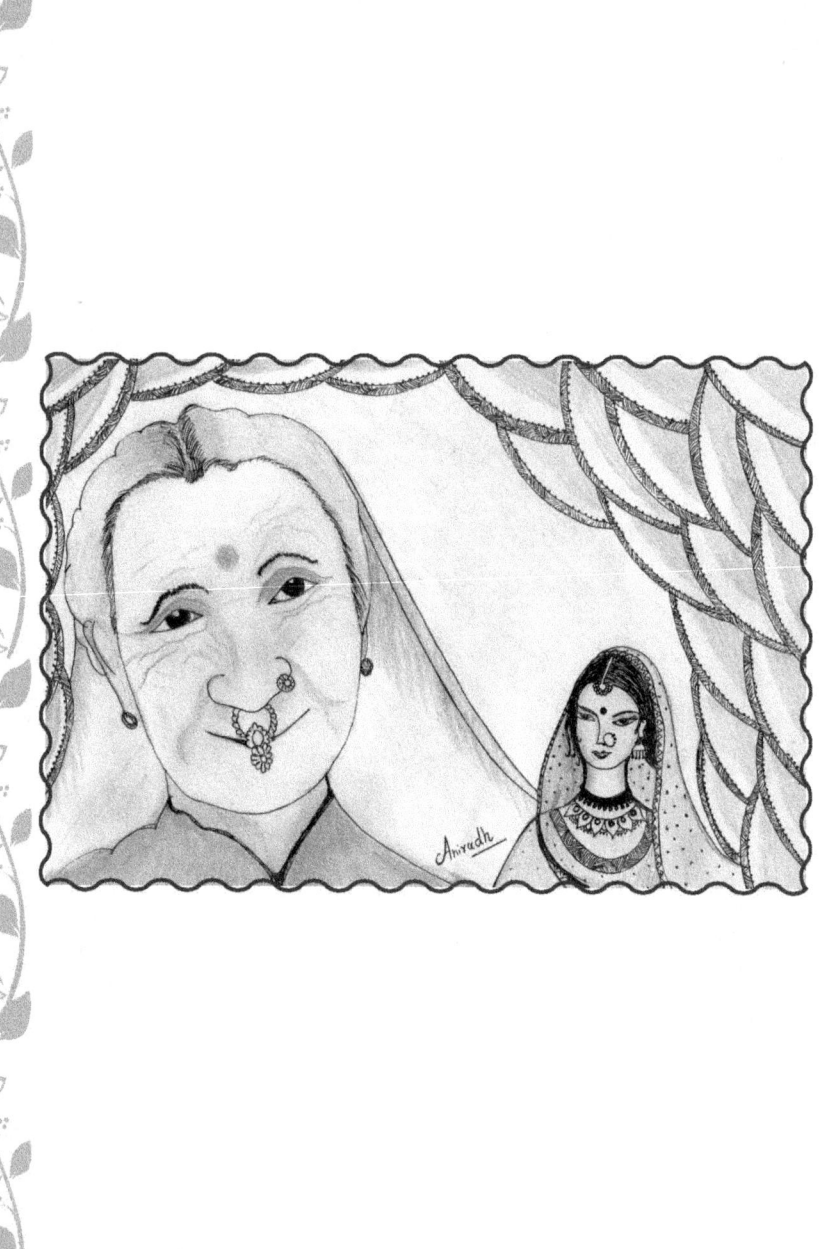

- 8 -

सास नहीं माँ हैं आप

बात कुछ दिन पुरानी है,
यादों के झरोखे से झाँका जब,
सामने आए वो चेहरे जो
आए थे मुझे देखने तब ।

उनमें से एक सादा और शान्त था चेहरा,
आँखों मे उनकी, राज था कुछ गहरा,
रिश्ता जब बना उनसे मेरा,
उन्होंने मुझे प्यार से बताया,
माँ कहना हमको तुम, ये सिखलाया,
फिर तो जैसे मुझे मेरी माँ मिल गई,
नये रिश्तों की जैसे नई कली खिल गई ।

शादी करके आई जब इस नये घर,
मन मे कई शंका थी और थोड़ा सा डर,
कदम रखते ही उसके आशियाने में,
उन्होने घर के साथ, दिल अपना खोल दिया,
माँ होती है जैसी, वैसा मुझको मोल दिया ।

बड़े शौक से उन्होने कराई हमारी शादी,
हर वो चीज़ जो उन्होने मुझको दी,
चाहे हो साड़ी, चाहे जेवर या फिर आजादी,
सब मे उनके प्यार की खुशबु बिखरी थी
उनके इसी अपनेपन से मेरे चेहरे की रंगत निखरी थी ।

उनको जब करीब से जाना,
तो मन हो गया उनका दीवाना,
उनकी हर बात में नज़ाकत है
कभी गंभीर है तो कभी शरारत है ।

वो हर काम में मंझी हुई हैं,
सभी रिश्तों की डोरी से सजी हुई हैं,
खाना बनाने में उनका कोई सानी नही
और कभी हालात से हार उन्होने मानी नहीं ।

सारे परिवार की वो आन हैं,
खुशियों को बाँधे रखने की कमान हैं,
आदर बड़ों का करतीं और छोटों का रखतीं ख्याल
अन्जानों के लिए है ज़िन्दादिली की मिसाल ।

धन्यवाद है आपका माँ,
जो आपने हमसे इतना प्यार किया,
अपनी बगिया का एक फूल बनाकर
हमको पूरे ह्रदय से स्वीकार किया ।

Anirudh

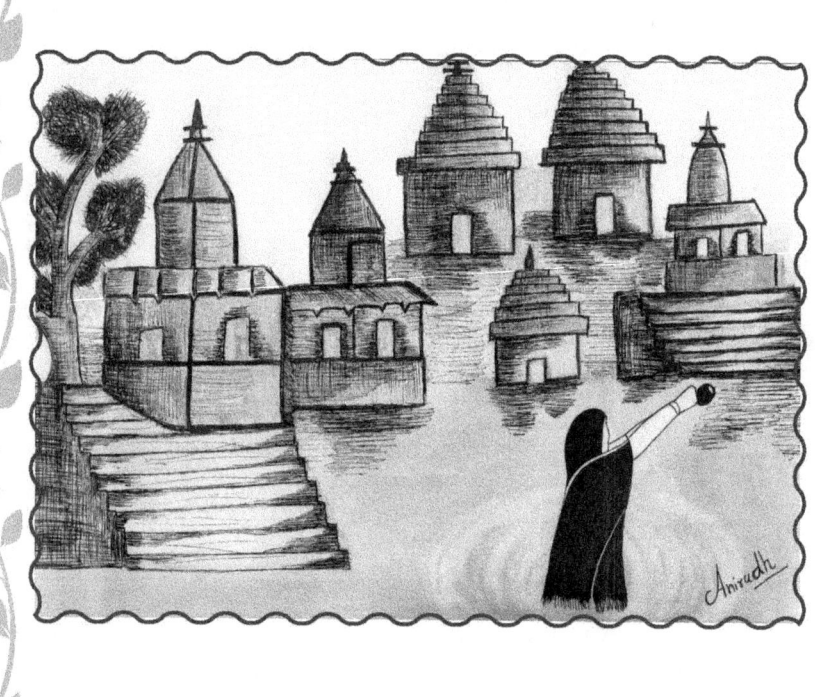

- 9 -

भक्ति

जीवन का अन्तिम सच हो तुम,
मानव का अमृत रस हो तुम,
तुम ही राम, तुम ही श्याम
है शत्-शत् नमन, तुम्हें हे भगवान ।

लाखों का करते उद्धार,
करते रक्षा बीच मझधार,
फूलों में तुम, कलियों में तुम
दिल के कोने और गलियों में तुम ।

तुम्हारा नाम मात्र ही कर देता,
दुख को कम, तुम्हारे प्यार और,
आशीर्वाद से होता सुखों का आगमन,
कर दूँ अर्पण तुम पर जीवन
बरबस कहता मेरा मन ।

रखना कृपा हम पर हे परमपिता,
तुम्हारे स्पर्श से ही हर कष्ट मिटा,
तुम्हारा गुणगान मैं हर पल करता रहूँ,
दूसरों की मदद कर उनके गम हरता रहूँ,
बनूँ मैं नेक, बनूँ मै सच्चा,
तुम्हारी भक्ति नित दिन करूँ
बनुँ मैं दानी, बनुँ मै अच्छा ।

- 10 -

तड़प

अजनबी बनकर यूँ मिले थे,
और मिलकर थोड़े दूर ही चले थे,
कि एक ऐसा तूफान आ गया,
जो तुमको मुझसे दूर ले गया,
मेरे लिए तो मानों रुक गया जहाँ
और जमाना ठहर गया ।

        तुम कहाँ हो, पुकार रहा मेरा रोम-रोम,
        चीर रहा हूँ पर्वत, चीर रहा हूँ व्योम,
        तुम्हारी याद में सहसा मेरा जीवन तड़प रहा है
        तुम्हारी फरियाद लिए सहसा मेरा मन सिसक रहा है ।

ये कैसी वफाई, जो जान पर बन आती है,
ये कैसी जुदाई, जो दिल को नही भाती है,
तुम्हारी ही बातें, चारों पहर याद आती है
ये कैसी तन्हाई, जो आँखो को नही सुहाती है ।

तुम्हारे चेहरे पर चाँद देखता हूँ,
तुम्हारी आँखों में शाम देखता हूँ,
तुम्हारे होठों पर गुलाब देखता हूँ,
तुम्हारी चाल में शराब देखता हूँ,
और क्या ये सब काफी नही, इकरार के लिए
पर क्या करूँ, तुम्हारे इन्कार में भी प्यार देखता हूँ।

प्रेरणा

Anirudh

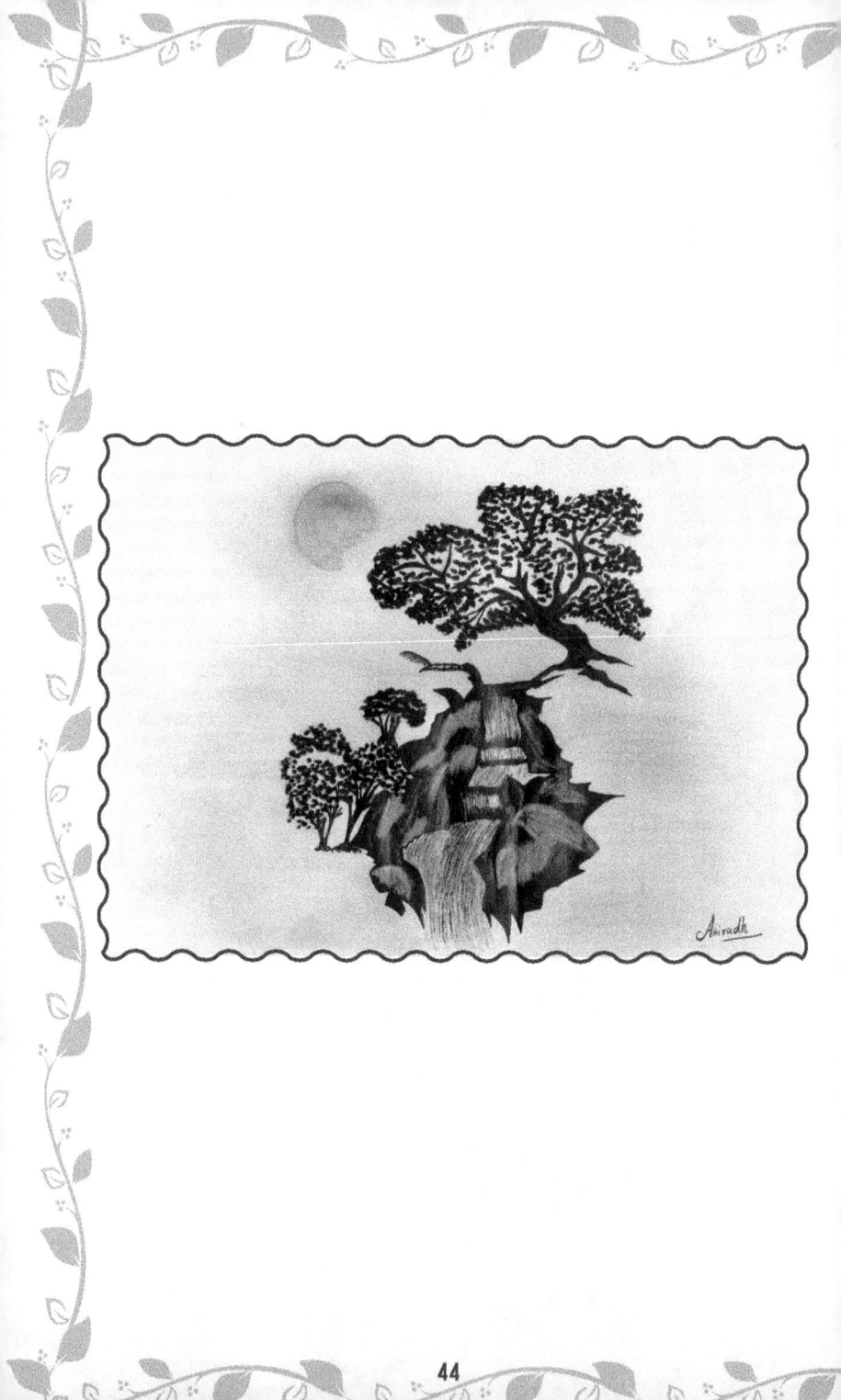

\- 11 -

मुझे बहने दो

नदी नहीं एक झरना मैं,
आशा दिल में रखता मैं,
आगे बढ़ूँ, बढ़ता चलूँ,
सामने एक राह हो,
उस पर मुझे चलने दो
बहना है मुझे बहने दो ।

कई रुकावट आती है,
राह मेरा रोक जाती है,
छोटा हूँ ना, कर भी क्या सकता हूँ,
हाँ और हार भी नही मानता हूँ,
बस मुझे हर मुश्किल से लड़ने दो
बहना है मुझे बहने दो ।

चाहता हूँ सब पा लूँ,
स्वंय को बड़ी नदी से मिला लूँ,
पर ये जीवन सुख का नही केवल,
दुख को भी सहूँगा करके ह्रदय प्रबल,
बस मुझे सुख पर, ना इतना इतराने दो
बहना है मुझे बहने दो ।

पर्वत का सीना चीर सकता हूँ,
बंजर पर हरियाली ला सकता हूँ,
मन मे विश्वास मेरे हो जब,
एक कर दूँ, क्या धरती, क्या नभ,
बस मेरे इस विश्वास को ना झुकने दो
बहना है मुझे बहने दो ।

Anirudh

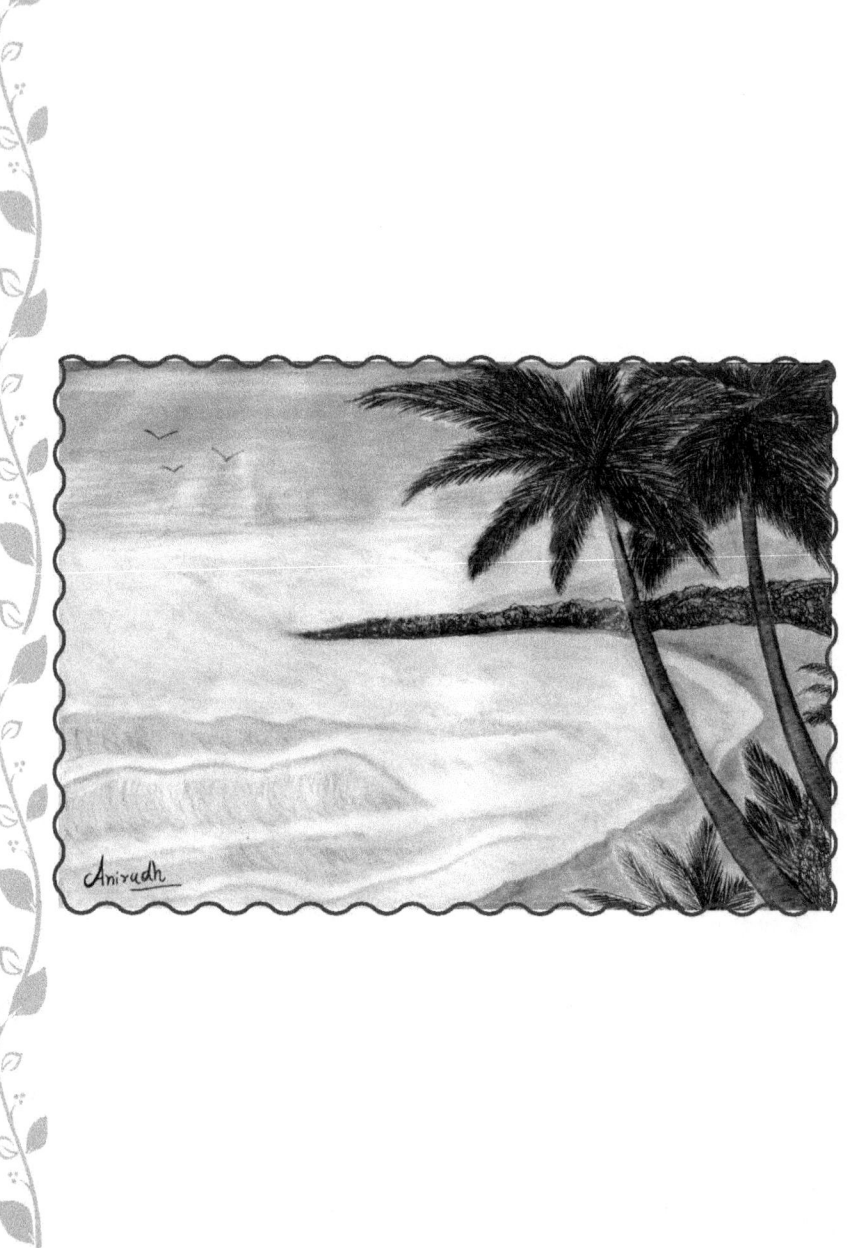

- 12 -
लहरें

सागर किनारे रेत की खलबली,
मानों अभी उठकर भागी हो,
चाँद की ओर पवन मनचली,
सूनी रात की धीमी आहट
दिल को दहलाती घबराहट ।

      ये सब देख मानो बावरी,
      हो जाती चाँद की चाँदनी,
      एसे सागर को निहारती
      जैसे राग संग रागिनी ।

वो सागर की लहरों का बौखलाना,
रूठे पिया को जैसे गोरी का मनाना,
बार-बार किनारे पर आने की चाह
और उसी तरह उससे दूर हो जाने की आह ।

      उस लहर के गीत में तन्हाई है,
      जिस शरीर का सार नही हो,
      वो परछाई है,
      इस मधुर मिलन की बेला में भी किनारें को छूकर,
      लौटने की मजबूरी है,
      वो साथ ही क्या जहाँ पास होते हुए भी दूरी है ।

आसमान की ओर बरबस निहारती,
अपने कौतूहल को पल-पल संभालती,
देखती रहती, उन तारों की बारात,
जहाँ पवन का हो सुरीला संगीत
और पेड़ों ने छेड़ा अनोखा राग ।

    फिर भी अपने गम को भुलाती,
    अपने गीतों से रातों को सुलाती,
    ये सागर की लहरें ही तो हैं
    जो तन्हाई मे भी, तारों संग मदमाती ।

Anirudh

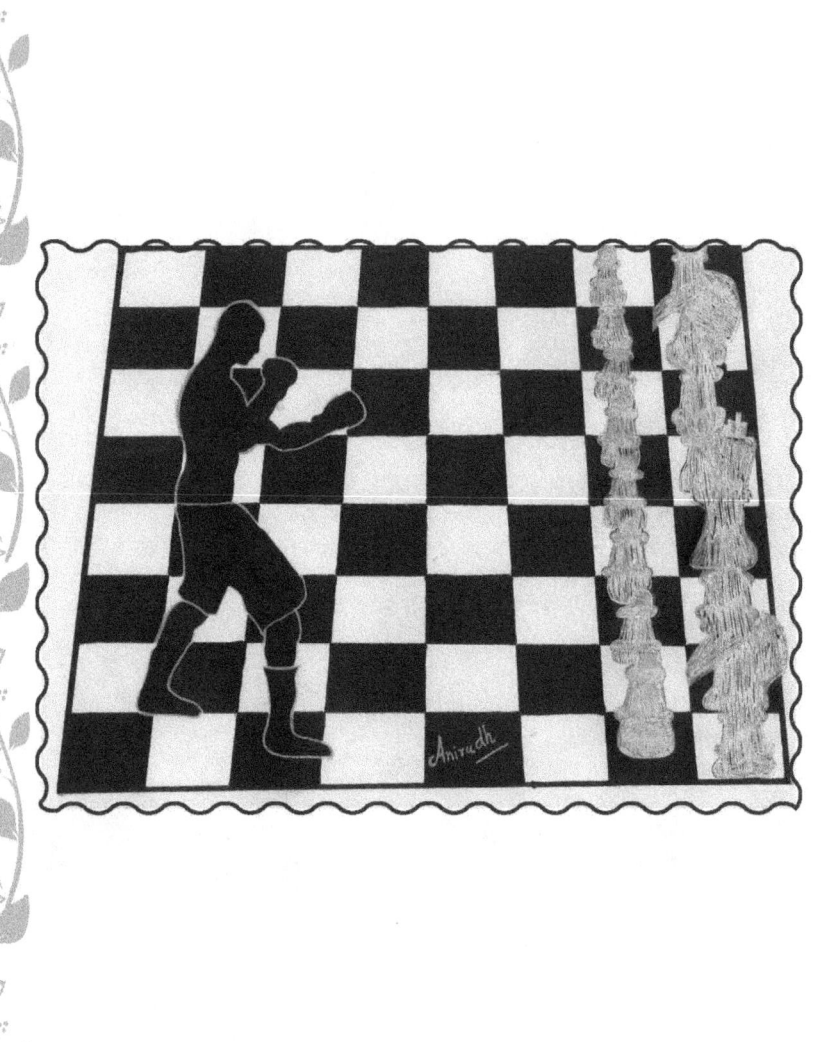

- 13 -

शतरंज

गमों के साये मे कटती मेरी रात है,
ना जाने किस आहट में छुपी क्या बात है,
हर पल दिल थम सा जाता है,
जब जिन्दगी की शतरंज में राजा खाता मात है ।

    अब और नहीं सहना मुझको जिन्दगी
    आँसु बना लिए है आग मैंने
    आ जाओ और अब हराओ मुझको
    शतरंज की बिछा ली है बिसात मैंने ।

जहाँ राजा मेरा शरीर है,
तो मस्तिष्क मेरा वज़ीर है,
दिल, मेरी रानी है तो
मजबूत इरादे सेनानी है ।

    बुलंद हौसले घोड़े हैं,
    तो दृढ़ हौसले गज से हथौड़े हैं,
    साहस, उस ऊँट के समान है,
    जो रेगिस्तान में ढूंढता अपना मुकाम है,
    बस और क्या चाहिए मुझे,
    जब सारी फौज मेरे साथ है
    आने दो किसी भी तूफान को
    अब डर कैसा, सामने मजबूत फौलाद है ।

गम से टकराना है मकसद मेरा,
चीर डालूंगा मैं ये घना अंधेरा,
मैं अकेला नहीं, साथ मेरे राज मेरा
लेकर आऊँगा कल मैं नया सवेरा ।

Rich
POOR
Anirudh

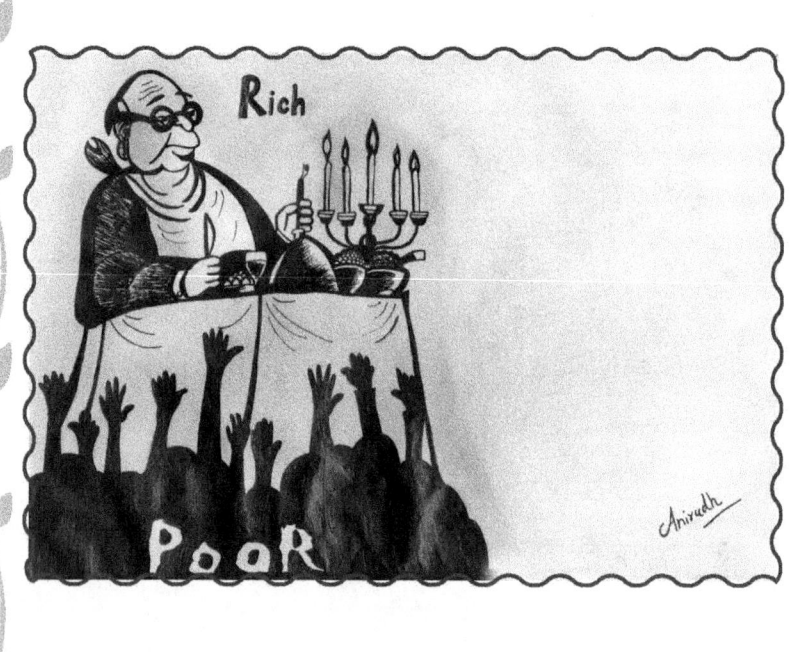

- 14 -
रोटी

हर इंसान आया था संसार मे जब,
लाया था अपने साथ पेट और भूख तब,
क्या पता था उसे इतना मरना पड़ेगा
रोटी-रोटी के लिए लड़ना पड़ेगा ।

    अमीर को क्या, महल में है रहता,
    सोने के बर्तन मे खाता और पीता,
    इनके जीवन की यही पनौती है,
    रोते भी है तो आँखों से बहता मोती है,
    क्या पता था उसे इतना वह सुख जुटाएगा
    रोटी को रोटी नही कागज समझ उड़ायेगा ।

गरीब बेचारा झोपड़ी में रहता,
पत्तल मे खाता और हर दर्द को सहता,
इनका जीवन दुख से भरपूर है
रोते हैं तो आँखों से बहता खून है,
क्या पता था इन्हे इतना झगड़ना पड़ेगा
एक-एक रोटी को तरसना पड़ेगा ।

Manzil
Anirudh

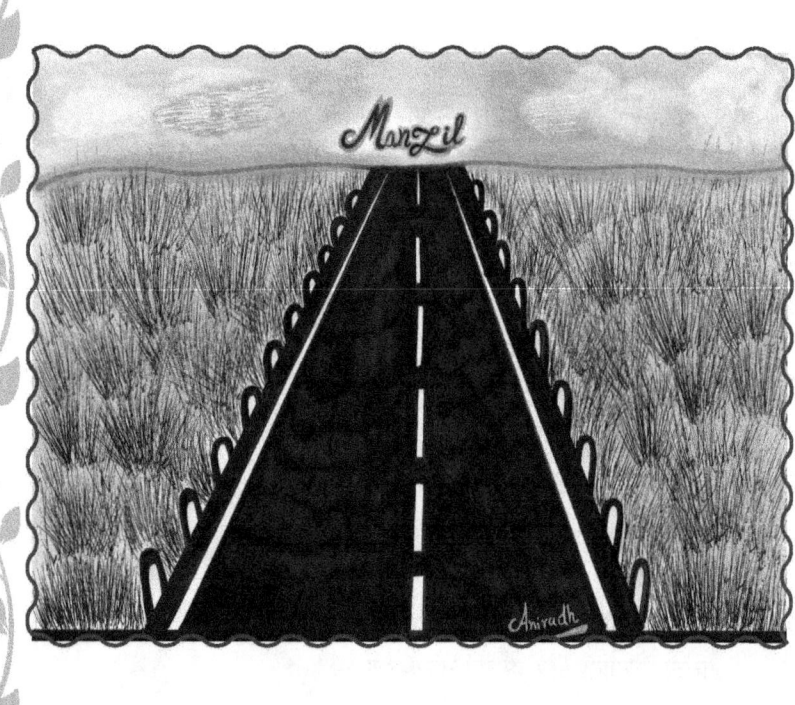

- 15 -

मंज़िल

रास्तों पर हम चल तो दिए,
पर मंज़िल का कुछ पता नहीं,
जहाँ ठोकर लगी संभल गए
जहाँ दिखी पगडंडी, मुड़ गये वहीं ।

      मैं अकेला चलता गया भाग्य के सहारे,
      कोई इरादा नही था ज़हन में,
      कोई वादा नही था मन में,
      यूँ ही रास्ते को पकड़ रखा था,
      मंज़िल का कोई पता न था
      बस अपनी आत्मा को जकड़ रखा था ।

कोई फूल नही जो खिलना ना चाहे,
कोई लहर नही जो हिलना ना चाहे,
कोई परवाना नही जो जलना ना चाहे,
फिर मैं क्यूँ अपनी मंज़िल भूल गया
लाचार सूखे पत्ते सा, आसमाँ में झूल गया ।

      ज़िन्दगी में मंज़िल तक पहुँचना,
      मेरा एक उद्देश्य हो,
      जीवन कोई जीने का नाम नही,
      वो तो तब सफल होता है
      जब उसमें कोई सन्देश हो ।

Anirudh

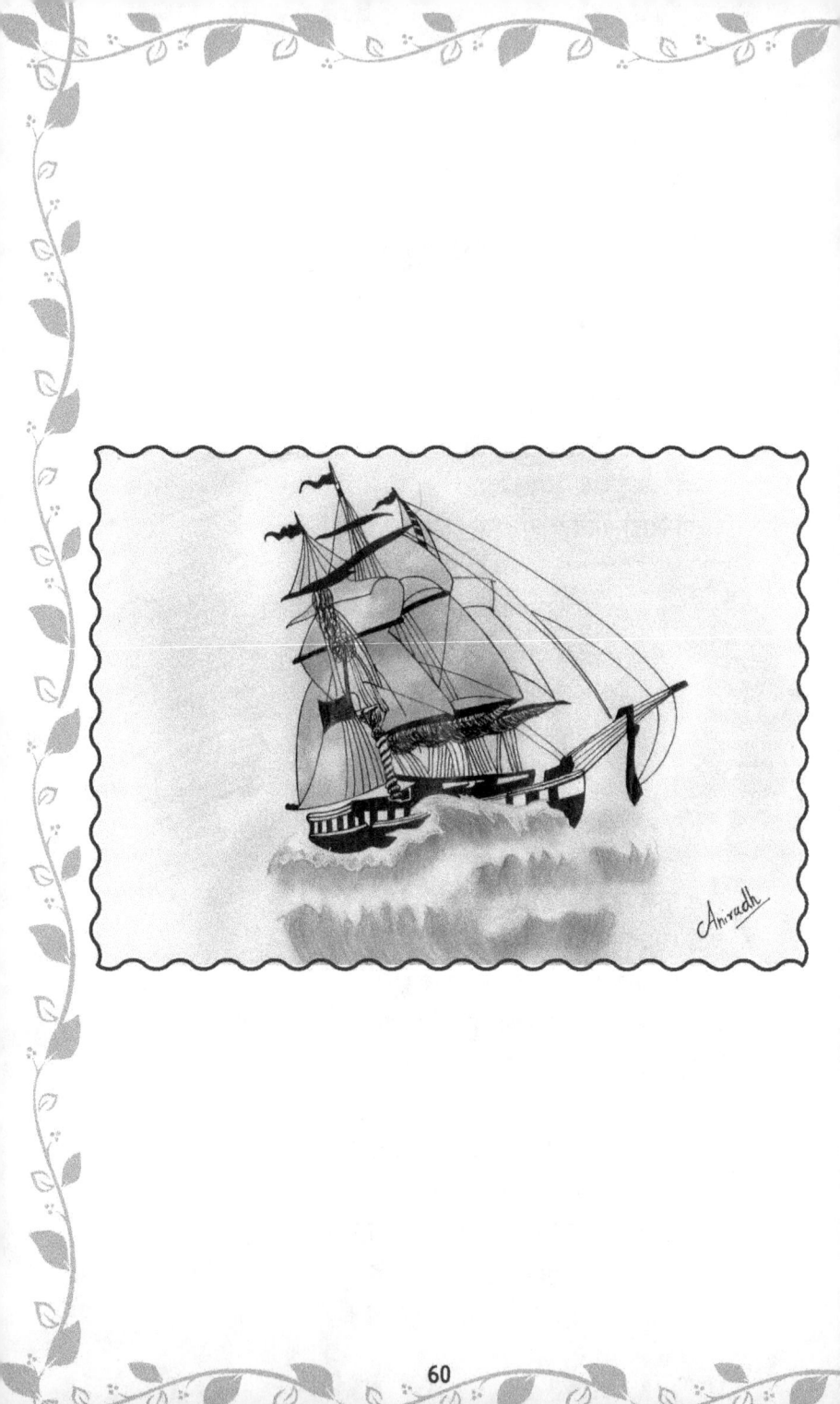

- 16 -

मझधार

क्यों मझधार से घबराता तू,
क्यों हार है मान जाता तू,
इस मझधार से पड़ेगा तुझे निकलना
बहुत देखा गिरना, अब होगा तुझे सँभलना ।

      इसकी लहर तुझे डूबो जायेगी,
      इसकी गहराई तुझे सुला जायेगी,
      ऐसे दुख को होगा तुझे भूलना
      सामने लक्ष्य है, होगा उसको भेदना ।

इसकी कठोरता को तूने इतना सहा,
इसकी नीरसता मे बहुत दिन तू रहा,
अब समय आ गया है,
होगा निराशा से तुझे उबरना
आगे बढ़ना होगा गिर-गिर कर सँभलना ।

      डूब रहे क्यों तेरे पैर और क्यों तेरा सिर,
      एक बार कर जरा अपने को दृढ़,
      देख, तू क्या नही है कर सकता,
      पा लिया अगर जीवन,
      तो उससे भी आगे है सोच सकता,
      धरती पर एक नये स्वर्ग को है खोज सकता ।।

Anirudh

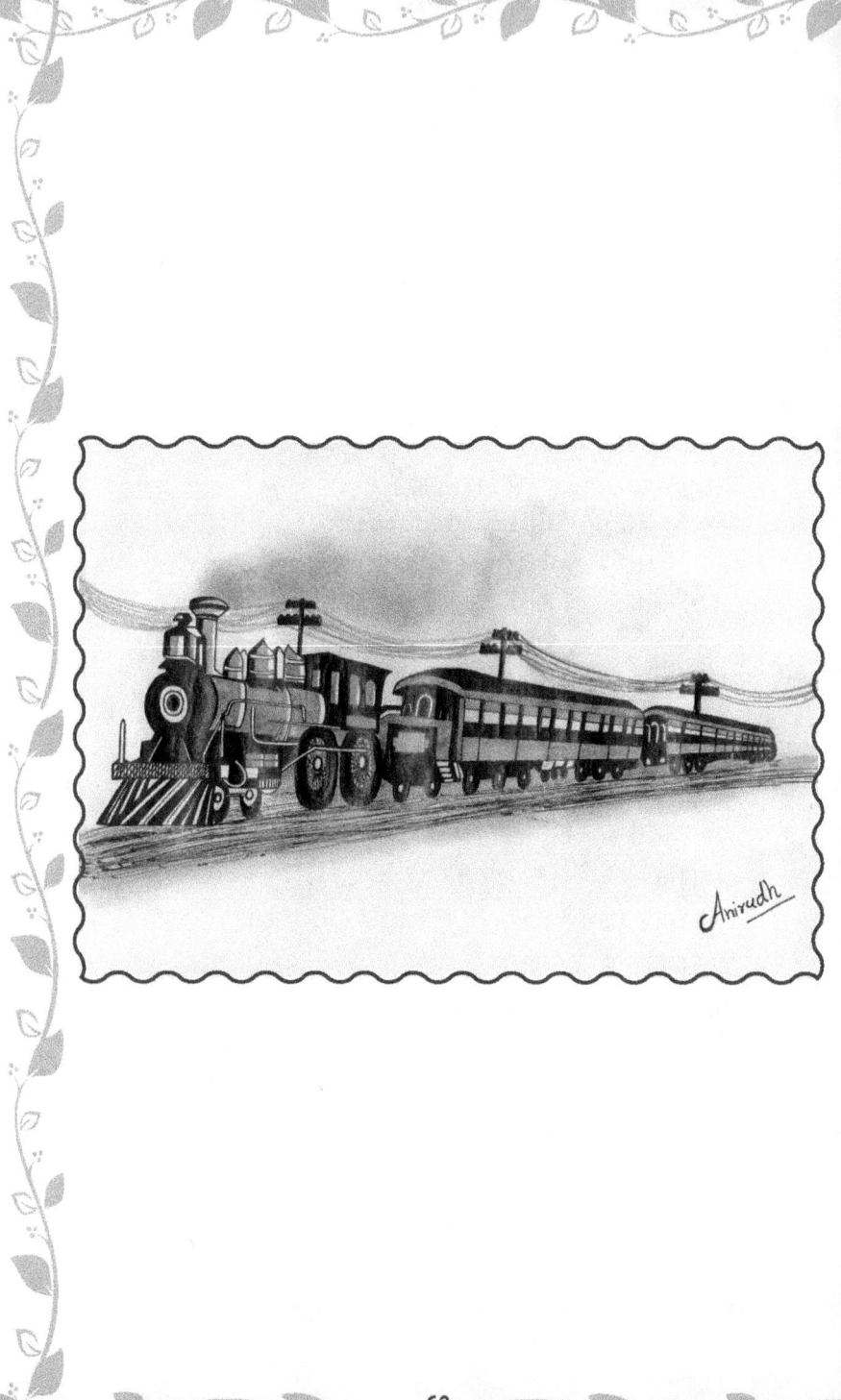

- 17 -

रेलगाड़ी

बंजर रास्तों से गुजरती हर पल,
न जाने कैसे वीरानों में करती हलचल,
कई जगह की सैर कराती,
छुक-छुक करके आई गाड़ी
मनचाहे मंज़र दिखलाती ।

तरह-तरह के लोग हैं आते,
कोई अपनों से बिछड़े तो कोई,
अपनों के पास हैं जाते,
कहीं पर खुशियों का रेला है
कहीं बावरा मन अकेला है ।

भिन्न-भिन्न भाषा की गुन्जन,
कहीं पर ढोल मंजीरों की झन-झन,
कहीं पे घर के खाने की महक लुभाती
तो कहीं सतरंगी मौसम की घटा सुहाती ।

कहीं पर पटरी का शोर,
कहीं दिखता नाचता मोर,
ना जाने कितने लोगो को मिलाती,
सबको जीने का सार बताती,
मिलजुल कर चलने का पाठ सिखाती
ये गाड़ी नहीं जीवन है जो
हरदम आगे को बढ़ती जाती।

- 18 -
अकेला हूँ मैं

शुरू से अन्त तक, सुबह से रात तक,
एक बात जो दिल और दिमाग में आती है,
बता ऐ बन्दे कभी तो बता
तू तन्हा अकेला है या तेरा भी कोई साथी है ।

    जब-जब तूने कदम बढ़ाया,
    दुनिया को अपने खिलाफ पाया,
    जब-जब तूने आसमाँ को देखा
    दुनिया ने हमेशा पत्थर ही फेंका ।

आँधी तूफानों में तूने दिया जलाया,
तो हरदम जगत ने फूंकना चाहा,
गहरे समन्दर मैं जब तूने नाव निकाला
तेज लहरों ने हरदम उसे डूबोना चाहा ।

    बता ऐ बन्दे तू चाहता क्या है,
    कोई तेरे साथ नही,
    आगे कदम बढ़ाऐं भी अगर,
    तो कोई देने वाला हाथ नही ।

मुश्किलों से डरना मैने सीखा नही,
उंगली पकड़े किसी की मैं चलता नही,
रास्ते बनाता हूँ मैं अपने,
किसी से मैं संभलता नहीं,
जो टूट जाये, ऐसा मेरा सपना नहीं
अकेला हूँ मैं, कोई मेरा अपना नहीं ।

Anirudh

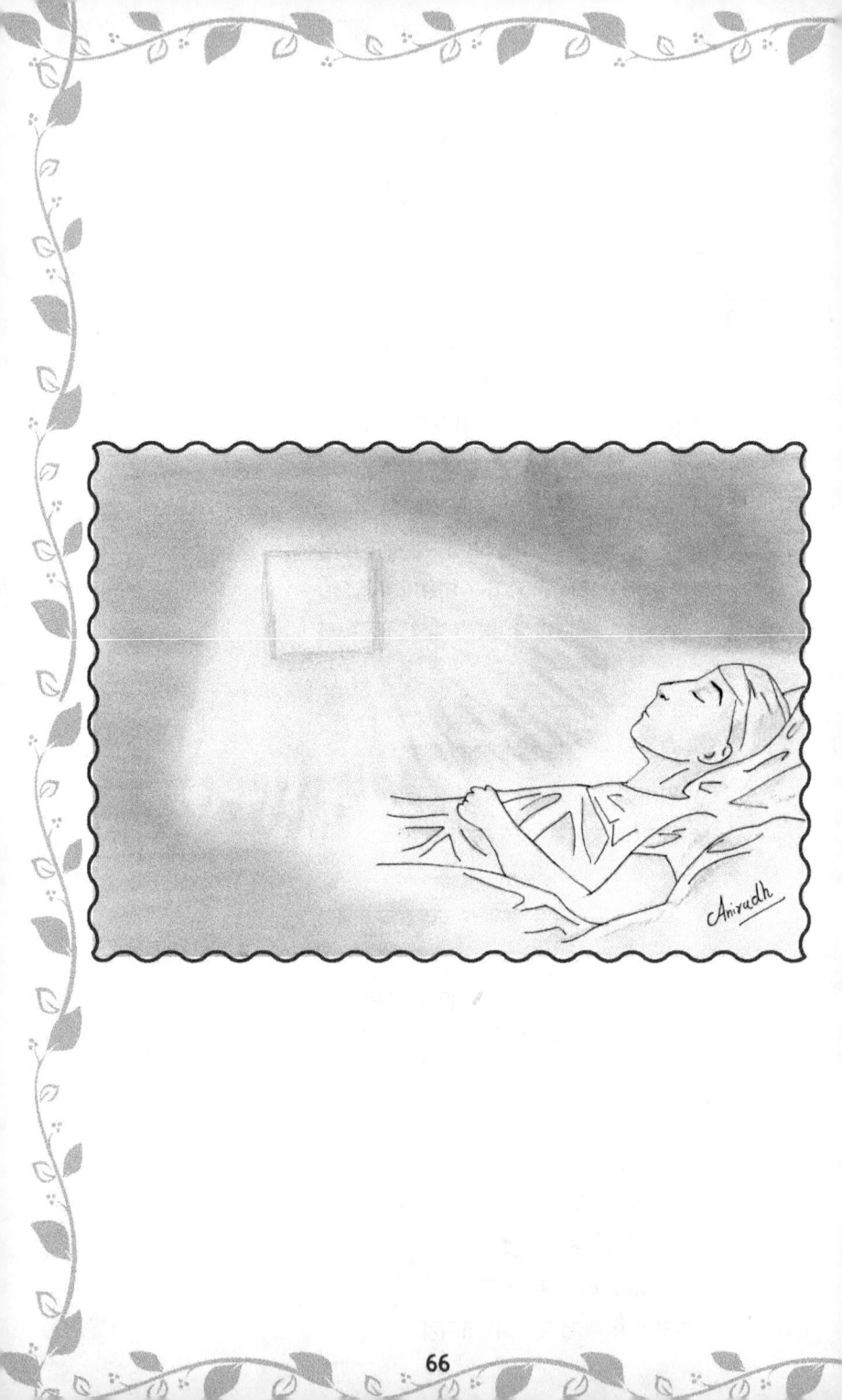

- 19 -

समय जरा ठहरो

समय तू क्यों नही ठहरता,
आगे ही आगे बढ़ता जा रहा है,
रुक जा जिन्दगी को तो जी लेने दे,
क्यों लहरों के समान लहरा रहा है ।

मालूम है एक सा कभी रहता नही तू,
पल मे सुख और पल मे दुख लाता है तू,
पर फिर भी आशा तुमसे करते जा रहा हूँ
तू है बड़ा बलवान सोचकर मैं घबरा रहा हूँ ।

जीवन को पानी माना, मन को माना पवन,
साल मे चार रंग लाता तू, क्या वर्षा क्या सावन,
पर मुड़कर कभी नहीं देखा, पीछे मैं ठहर गया हूँ
तेरी मनमानी, तेरी लीला, तुझमें काल देख सिहर गया हूँ ।

Anirudh

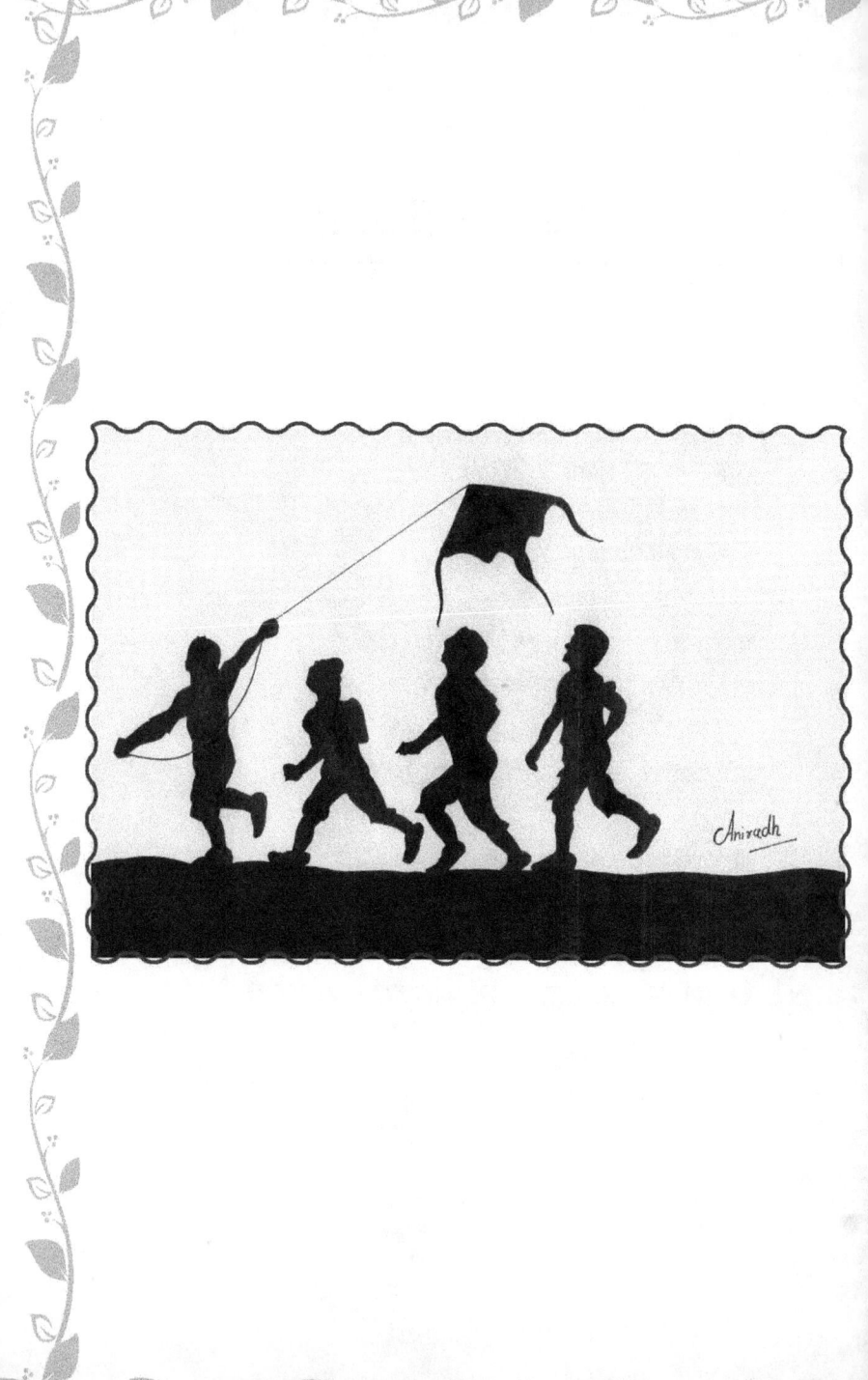

- 20 -

पतंग

कितनी सुन्दर, कितनी प्यारी,
रंग बिरंगी ये दुलारी,
कितनी हल्की, कितनी न्यारी
मानो, अनंत नभ की हो राजकुमारी ।

        इंद्रधनुषी रंगों में भिगोया हो जैसे,
        चन्द्रमा की चमक में डुबोया हो जैसे,
        स्वच्छन्द गगन में ऐसे झूमे मस्तानी
        अपने रूप पर इतराती मानों रूप की रानी ।

हवा के झोंके से इधर-उधर इठलाती,
ऊँचाई पर जाते ही थोड़ा अकड़ दिखाती,
पर एक बात, हर बार है बताती
कि सर रखो हमेशा ऊँचा,
ना झुकना किसी के सामने
लक्ष्य देख दृढ़ निश्चय करना
वो चंचला सिखलाती ।

उसको मालूम है ये बात,
अकेले जीना कितना बेकार है,
तभी ये मनमोहनी,
प्रणय सूत्र में बंधी है जिससे
वो डोर रूपी राजकुमार है ।

जब तक साथ है, गगन को भी भेद देते,
एक का भी साथ छूटा तो घुटने टेक देते,
क्या कुछ नही सिखाती दोनो की जोड़ी,
त्याग, बलिदान, विश्वास, आधार
मानों एक पतंग में छुपा हो जीवन का सार ।

प्राकृतिक सौन्दर्य

कर्सियोंग, दार्जिलिंग के पास एक छोटा सा कस्बा है जो पहाड़ों के बीच बसा हुआ है ।

- 21 -

कर्सियोंग

वो पहाड़ों के बीच का राजा है,
ना जाने कितने रहस्य छुपाता,
जो जाये उसके राज को देखने
वो विस्मय से गुम हो जाता ।

      कटीले रास्तों से होकर,
      जब जाने लगे उससे मिलने,
      नीचे धरा झुकने लगी
      ऊपर आसमाँ लगा था हिलने ।

एक तरफ पहाड़ों का रेला,
दूजी तरफ हरियाली का मेला,
बीच मे चल रहा था बावरा मन,
साथ था जिसके उसका छैला,
मस्तानी पवन दोनों को छू सी जाती,
ना जाने चुपके से राजा के भेद बताती,
आई थी हमसे कहने वो
आओ परदेसी, तुमको में अपना राज दिखाती ।

      जैसे-जैसे छूने लगे हम बादल,
      ऐसा लगे कि धुआँ सा हर नज़ारा हो,
      कोहरा हटा, आँखों के सामने से तो
      ऐसा लगा राजा ने हमको पुकारा हो ।

उसके राज की खूबसूरती बयाँ नही हो सकती,
धरा से दूर पहाड़ों पर उसने बसायी थी बस्ती,
जहाँ स्वयं बादल आकर बसता है
प्रकृति का हर प्राणी वहाँ जाकर हँसता है ।

अजब सी ठंडक थी उस राज में,
राजा का दिल भी बहुत विशाल है,
आओ देखो इस सुषमा को
सीखो रहना दुर्गम जगह पर, जिसकी वो मिसाल है ।

छोटी सी जमीन को उसने खूब रंगीन किया,
पेड़, फूल, नदी, पहाड़ सबकी हसरतों को जिया,
देख अलौकिक सौन्दर्य उसके राज का,
बादल, धरा और गिरी इतराते
उसकी खुशी देख ये तीनों तृप्त हो जाते ।

इस राजा से मिलकर मन ने बड़ा सुकून है पाया
करसियोंग है वो राजा जिसकी बादलों सी है काया
पर्वत और धरा का संगम जिसने कराया
अपनी मंद मुस्कान से हमें सारा राज दिखाया ।

- 22 -

बादल ! अब तुम जाओ

रिमझिम - रिमझिम बरस पड़ी,
ये बारिश की बूंदे बरबस,
धरती को मिला नवजीवन,
नाच उठे मोर और सारस,
बहुत मचा ली धूम तुमने,
रोते हुए को ना इतना हँसाओ,
ओ चाँद को छुपाये बादल
जाओ अब तुम लौट जाओ ।

        वन झूम गये, कलियाँ खिल गई,
        सागर के वियोग को दूर कर,
        उनसे नदियाँ मिल गई,
        देख रहे थे तारे सितारे रात भर,
        बहुत जता ली धाक तुमने,
        अब ना अपने हाथों को इतना बढ़ाओ
        ओ मस्ती के बादल
        जाओ अब तुम लौट जाओ ॥

गूंज रही चारों ओर तुम्हारी अट्टाहास,
पर अब ये तुम्हारा विकराल रूप,
उल्लास के बजाय, कर रहा लोगों को उदास,
छाँव आने लगी, चली गई वो सुनहरी धूप,
अब अपना ये क्रोध तुम हटाओ,
ओ दुख के बादल
जाओ अब तुम लौट जाओ ।

    लोग हो रहे बेघर,
    कहीं गिर रहे पेड़ तो कहीं घर,
    ये तुम्हारा बाढ़ रूपी प्रकोप,
    ले लेगा सबकी जान,
    बहुत दिखा ली शान तुमने,
    अब अपनी ये भयानकता को दबाओ,
    ओ काल रूपी बादल
    जाओ अब तुम लौट जाओ ।

Aniradh

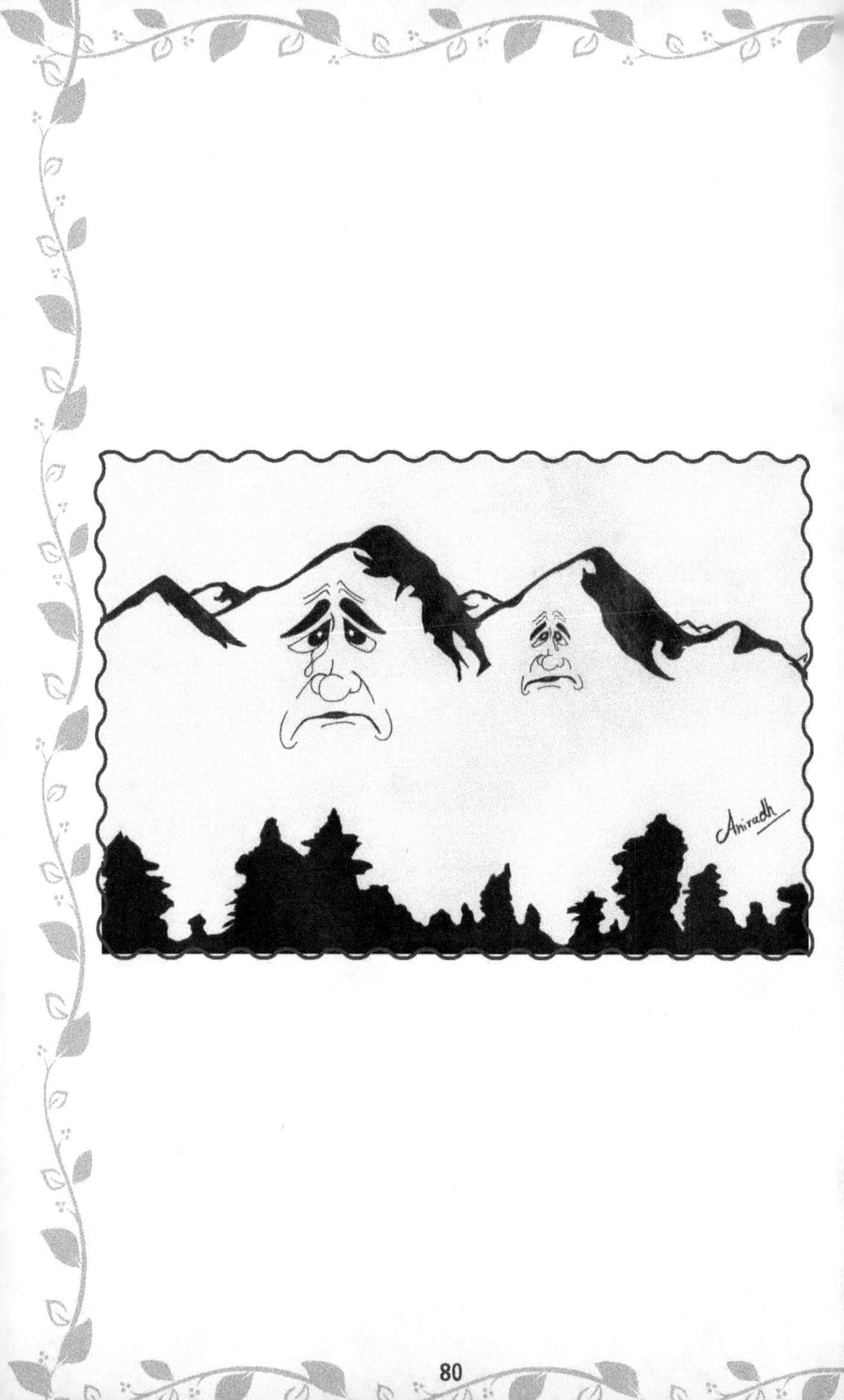

- 23 -

दूर खड़ा मैं

फूलों का खिलना, कली को जला रहा था,
सावन का मिलना, बिछड़ों को रुला रहा था,
पर दूर खड़ा मैं, चुपचाप ये देख रहा था
ना झूम ही सकता और ना खिल ही पाता ।

        पंछियों का चहकना, बादलों में बस जाता,
        कस्तूरी का महकना, धरती में रस लाता,
        पर दूर खड़ा मैं चुपचाप ये देख रहा था
        ना चहक ही सकता और ना महक ही पाता ।

पत्तों का गिरना, पेड़ों को तड़पाता,
पानी का बरसना, झरनों को मदमाता,
पर दूर खड़ा मैं चुपचाप ये देख रहा था
ना तड़प रहा था और ना बरस ही पाता ।

        ये सब देख आता आँखों में पानी,
        क्यों मेरे साथ की उसने बेईमानी,
        दूसरों को जीवन दिया,
        पर मुझे कर दिया ज़ार-ज़ार
        कुछ और नही अल्हड़ पहाड़ हूँ
        मैं दूर खड़ा पहाड़ ।

Aniradh

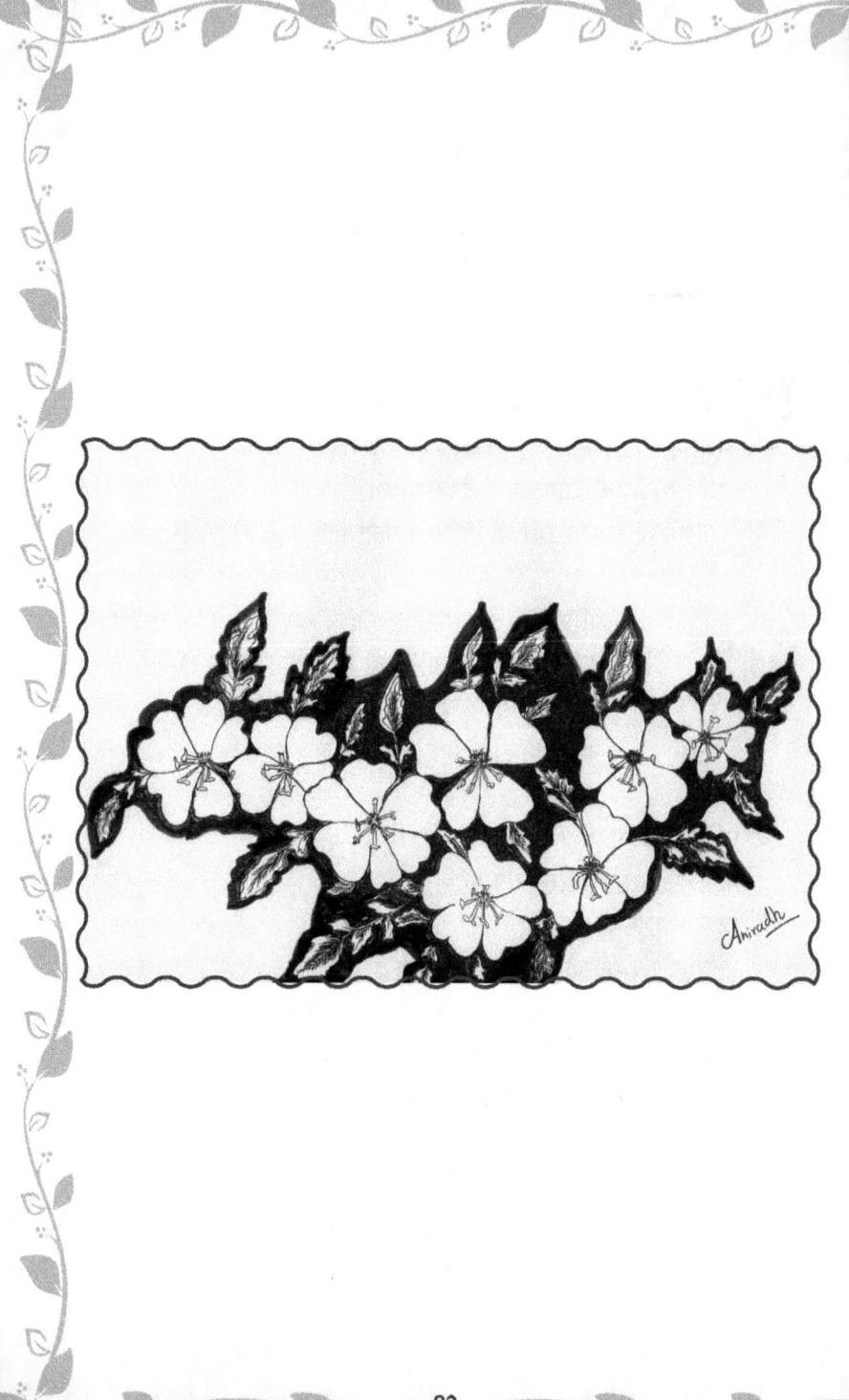

- 24 -
रात की रानी

खुशबू से सराबोर हुई,
रंगों की रंगोली मे डूबी,
ओस की बूंदों से भीगी,
चाँद से आँखें चुराती,
रातों को इठलाती
मैं दीवानी रात की रानी।

      सूरज की किरणों के साथ,
      ओझल होती काया जैसे,
      प्रतिपल प्रतिक्षण तम की तलाश,
      हर धूप के बाद की छाया जैसे,
      तिमिर की तन्हाई मे मुस्कुराती,
      रातों को बलखाती
      मै दीवानी रात की रानी।

पंखों सा कलियों को खोले,
बिन बोले ही सब कुछ बोले,
ये कैसी छवि बिखराई,
इस काली रात में,
सितारों की भाँति जगमगाती,
रातों को मदमाती
मैं दीवानी, रात की रानी।

Anirudh

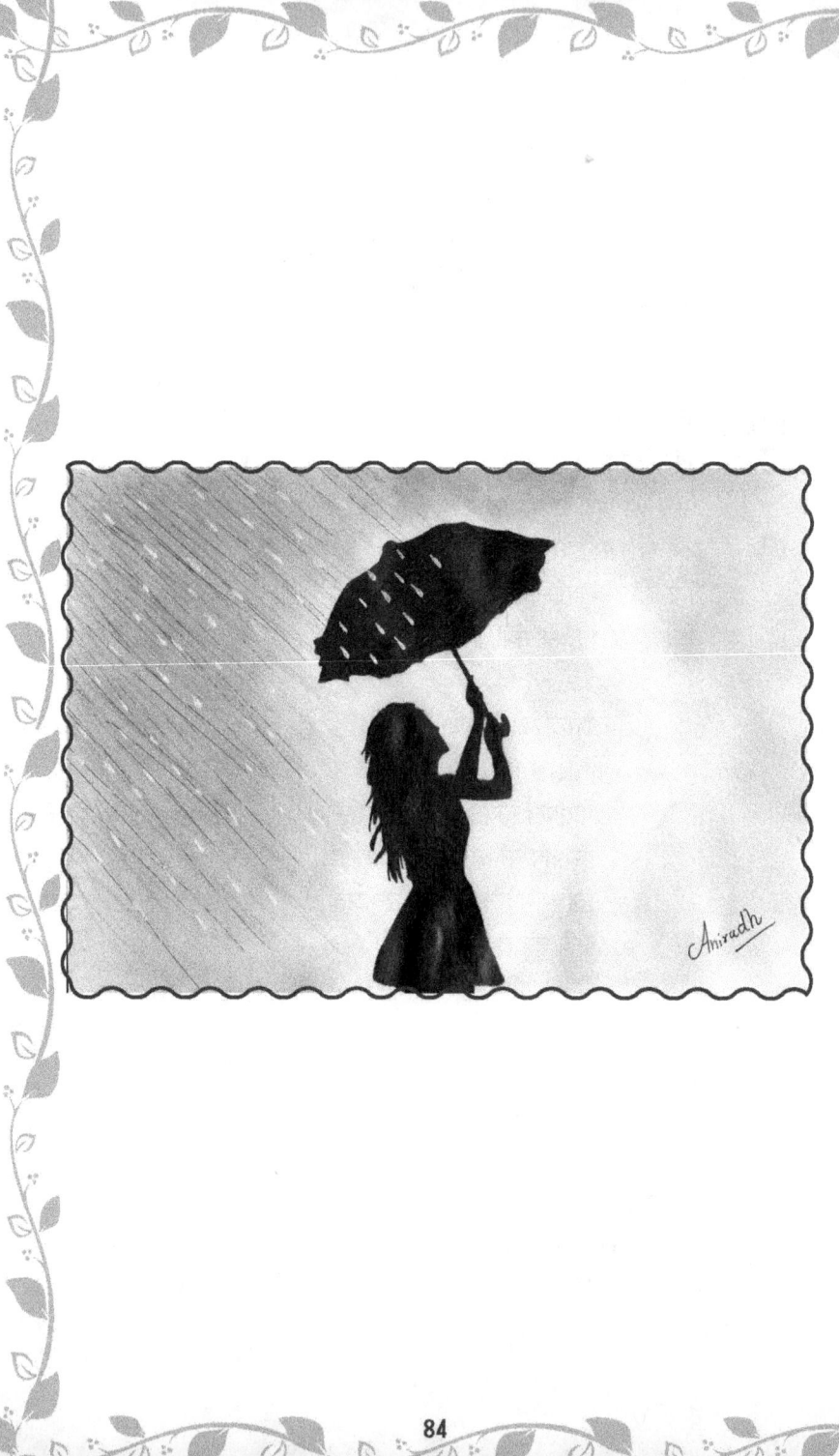

- 25 -

बरखा

ओ मेघों के राजा तुम,
आते जाते थे क्यों गुमसुम,
अब तक अपना राग क्यों,
नही बजाया था,
आसमाँ को धरती से क्यों
नही मिलाया था ।

सुनकर मानव की करूण पुकार,
आ गए तुम बरबस छोड़ इंतजार,
धन्य हो तुम जिसने प्यासी धरा,
की सुध तो ली,
धन्य हो तुम जिसने नीर बहा
जीवन की रक्षा की ।

अपनी मेघा को भेजा प्यार जताने,
सूखी बंजर धरती मे नया सार जगाने,
उढ़ा कर चादर हरी भरी,
मन को भाये मनचली,
जैसे आयी हो बाबुल के घर से
रौशन करने पिया की गली ।

तूने सूने जग मे एक साज बजाया,
तूने अंधेरे संसार मे दीप जलाया,
तेरे बरसने से मोर, पपीहे नाच उठे,
तेरे बरसने से कोयल जाग उठे,
जीवन को मानो पंख लग गये,
हँसने लगा हर एक का आँगन
महकने लगे चंपा, चमेली
देख के प्यारा मुस्काता सावन ।

स्वागत करने को तुम्हारे,
आए है मतवाले सारे,
कहीं पर फूलों ने चमन खिलाया,
कहीं पर झीलों ने अमृत जल पिलाया,
धन्यवाद है बरखा तुमको,
यूँ ही तुम हरदम बरसो,
तुम्हारे आने से ही मिलती है सबको जान,
तुम ही तो हो जिससे बढ़ता धरा का मान,
तुम ही तो हो जो थकती धरा को देती प्राण ।

Anirudh

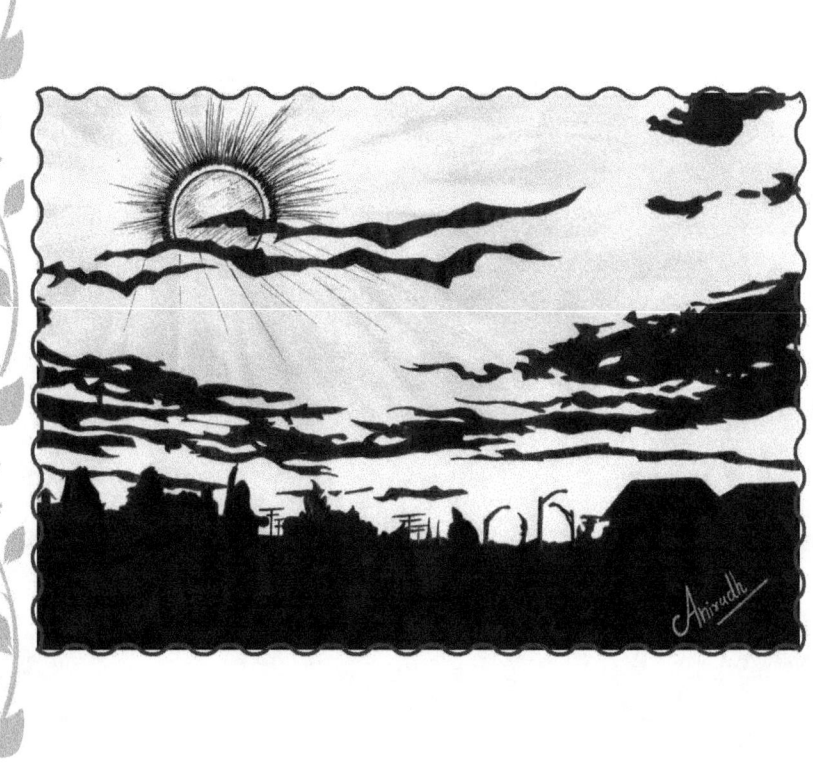

- 26 -

सर्द धूप

बैठे-बैठे सर्दी की धूप में,
खो गई धरा के पावन रूप में,
जहां उसकी लटों का आभास,
देते बदरा कारे,
ऐसे घुमड़-घुमड़ कर देखे
ये मनमौजी मतवारे ।

    सूरज की तेज किरणें,
    अपनी लालिमा को दिखलाते,
    ऐसे चमके जैसे माथे पर
    बिंदिया, गोरी को बहकाते ।

जल का छम-छम सा शोर,
कर देता मन को भाव विभोर,
ऐसे लगता जैसे पायल की थाप पर
नाचे वन-वन चंचल चितचोर ।

    इस धरा के सौन्दर्य में,
    डूबे नभ सागर सारें,
    इसको हर पल प्यार से देखे
    सूरज संग चाँद सितारे ।

रंग बिरंगी चिड़ियों की मधुर चहचहाहट का अनोखा चित्रण।

- 27 -

सुरीली आवाज

तुम अनन्त गगन के राजकुमार,
तुमसे कोई हुआ ना पार,
तुम सा प्यारा, तुम सा सुन्दर
चाहे तुमको सारा संसार ।

ये नीला आकाश तुम्हारा महल हुआ,
जहाँ पर बिखरी रंगों की छाया,
हर पल दस्तक देता हमको
इन सुरीली आवाज़ों के स्वामी की काया ।

लाल, हरे, पीले पंखों से सजे,
अपने आप पले, अपनी धुन मे चले,
हर पल मानों लेते जीवन के मजे,
कौन इन्हें कहीं बाँध पाया
ये सुरीली आवाज़ों के स्वामी की काया ।

चहक-चहक कर दिल धड़काते,
कभी चातक सा मौसम मदमाते,
कभी काक सा कोई सन्देश दे जाते,
ये खुद ही जाने अपने मन की माया
ये सुरीली आवाजों के स्वामी की काया ।

फूलों के खिलने का आगाज़ है ये,
गगन धरा के मिलने की आवाज़ है ये,
उस मधुर संगीत का साज़ है ये,
जिसने सब में एक नया विश्वास जगाया
ये सुरीली आवाजों के स्वामी की काया ।

Anirudh

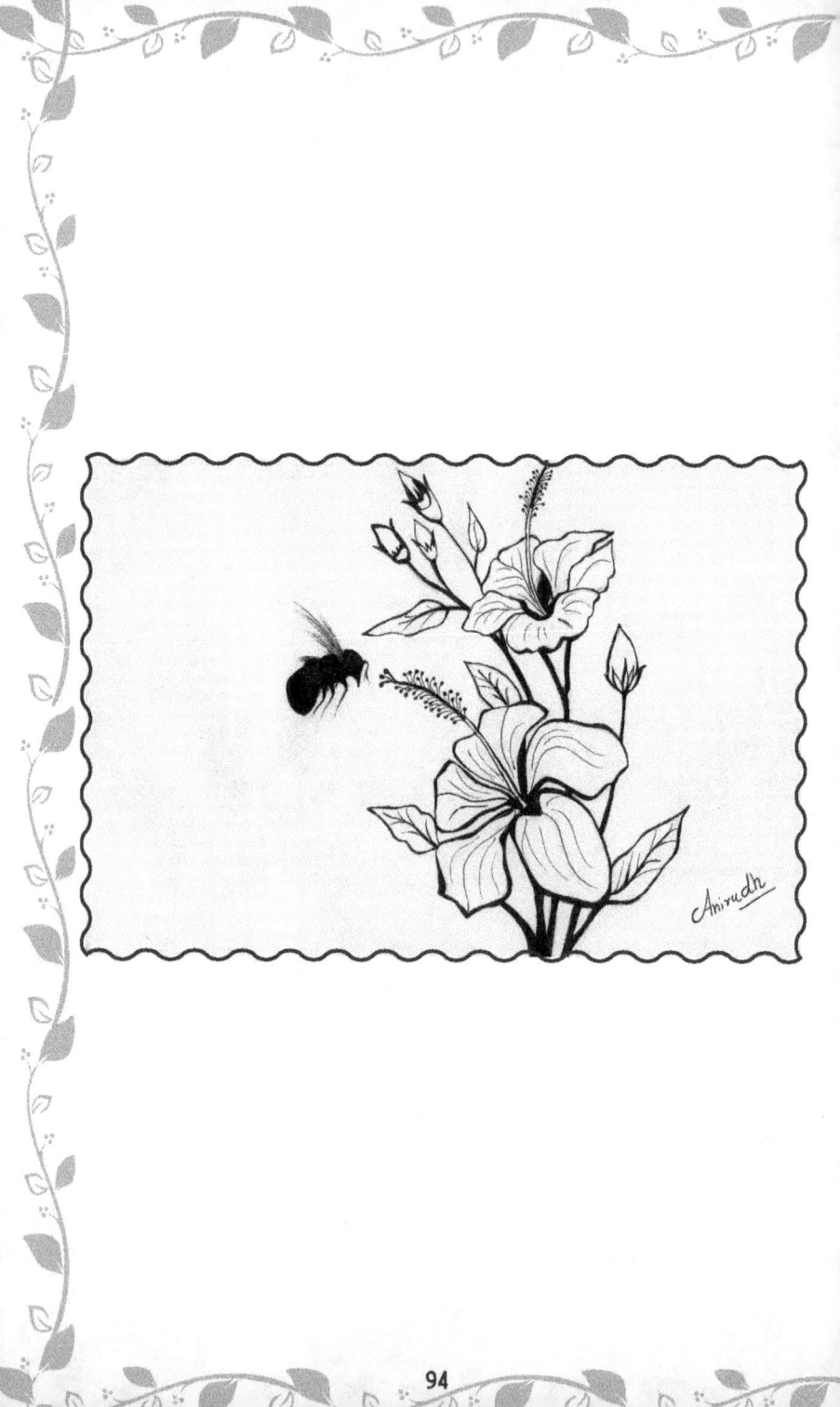

- 28 -

भौंरा

बागों में गूँज रही जोरों से,
इन मस्ताने भौरों की गुंजन,
फूलों ने भी पट खोल दिए
निखरे-निखरे से लगे जैसे कुन्दन ।

खुबसूरत फूलों पर काला भौरा,
ऐसे झूमे जैसे बावरा निगोरा,
पूरे दिन फूलों पर गुन-गुन करता
उसके सौन्दर्य को तकते नही थकता ।

भौंरो का इधर-उधर यूँ इठलाना,
बरबस फूलों के पास जाना फिर इतराना,
पूरे फिज़ा मे रस घोल रहा था,
इस भौरे को सुनो गौर से
लगता है ये कुछ बोल रहा था ।

Aniruda

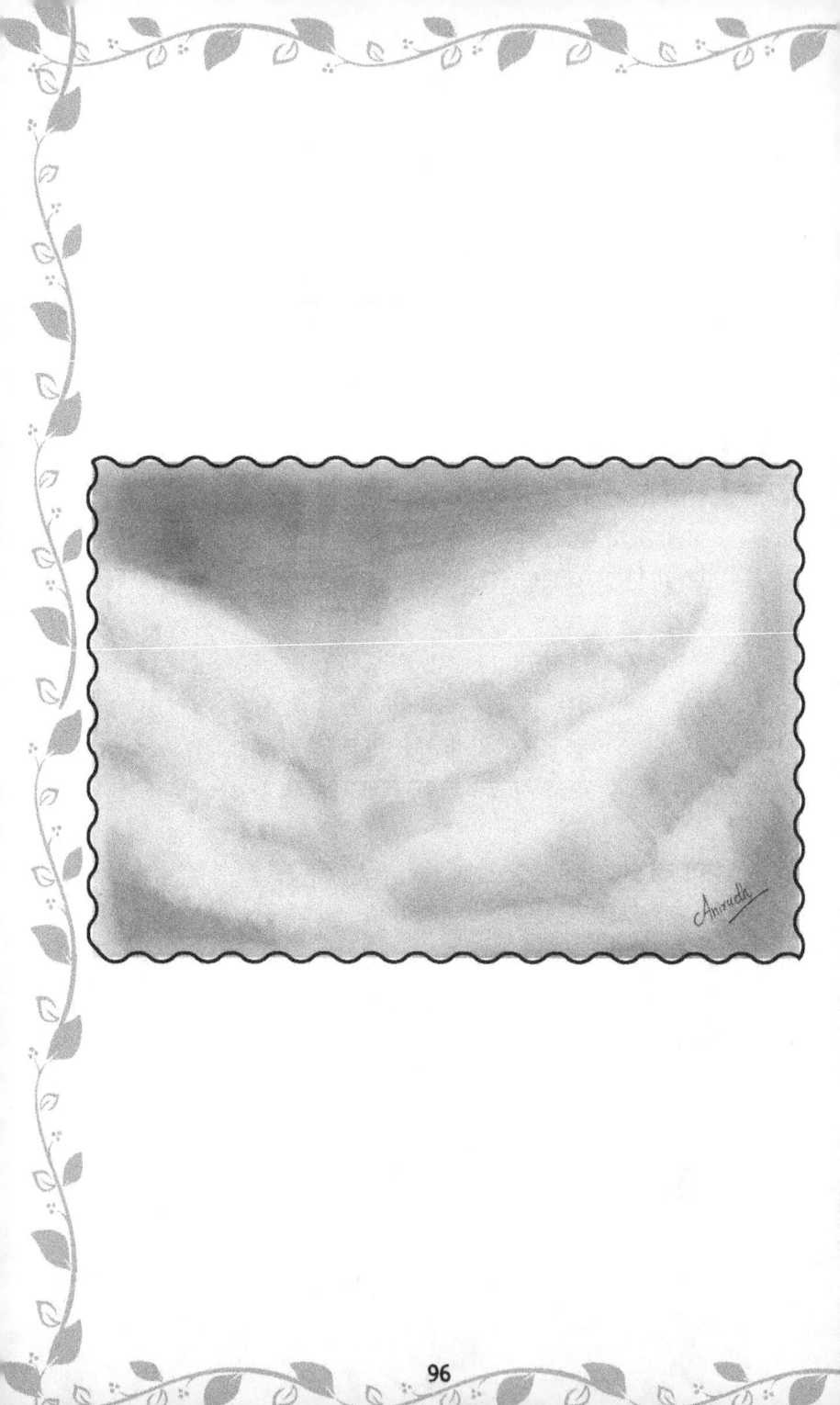

- 29 -

दूर गगन के वासी

ये चारों और कैसी छाई उदासी,
क्यों मेरी धरा अब तक है प्यासी,
क्यों नहीं बरसे अब तक,
तुम ! ओ दूर गगन के वासी ।

        मेरी धरती का सुख तूने छीन लिया,
        कर दिया उसे सूखा और बंजर,
        यहाँ बदरंगी कैसी है छाई
        देख रहे सब पीड़ित मंजर ।

तुमने आने मे इतनी देर लगाई,
क्यों हमारे खुशियों को आग लगाई,
ये दुख तुम भी सहकर देखो अविश्वासी,
क्यों नही बरसे अब तक
तुम ! ओ दूर गगन के वासी ।

        ऐसे बरसो जैसे कभी ना बरसे,
        धरती हो जाये हरी-भरी,
        और पोखरे भर जाये जल से,
        तुम्हारे बिना जीवन है बासी
        अब तो बरसो ओ, दूर गगन के वासी ।।

Anirudh

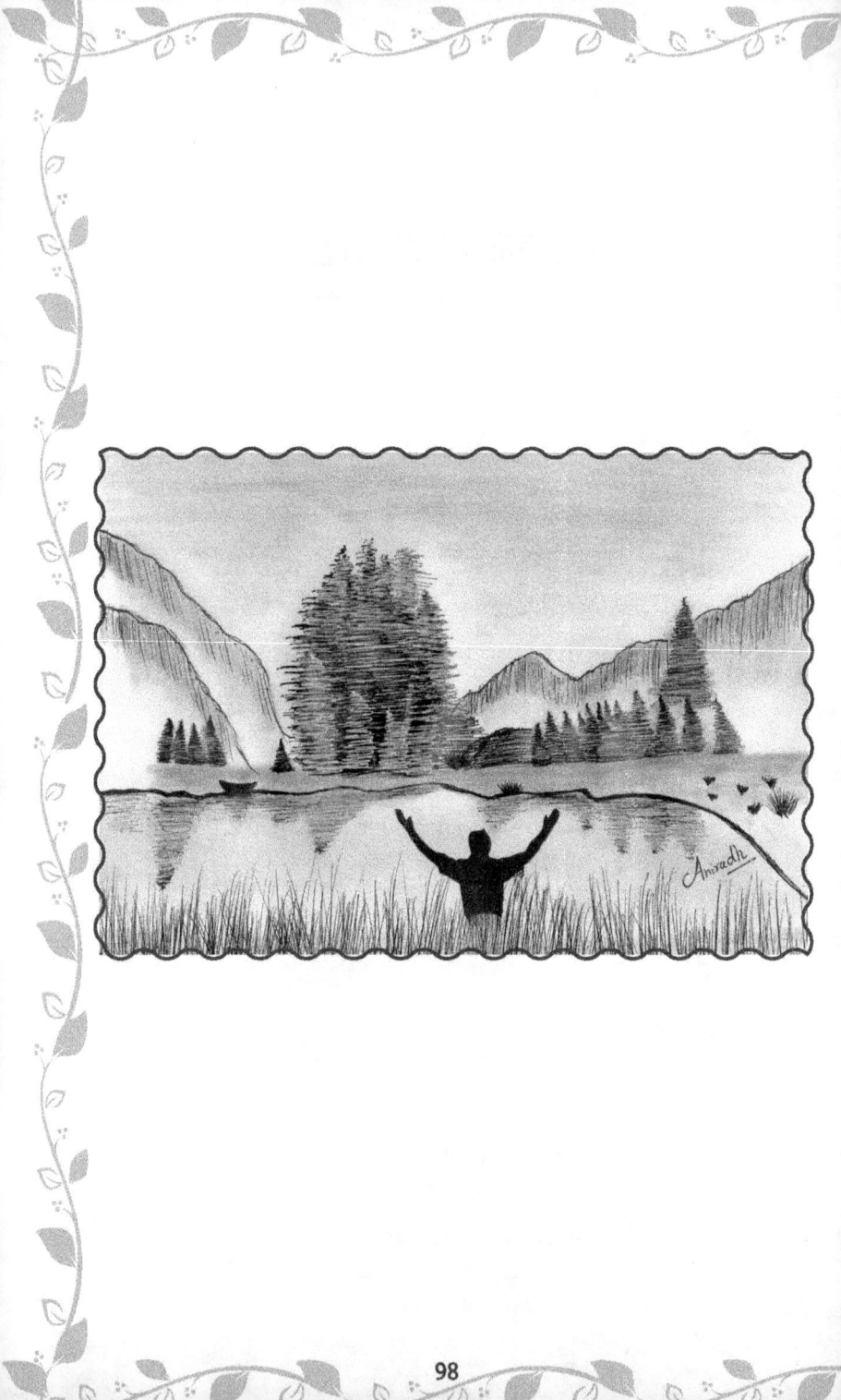

- 30 -
सारा जहाँ तुम्हारा है

वृक्षों की छाँव अनोखी देखकर,
हाथों मे रखे सामान को फेंककर,
मन किया थोड़ा विश्राम कर लिया जाये
जाना बहुत दूर था सोचा आराम कर लिया जाये ।

जैसे ही आँखें मूंदी मैने,
आयी पवन सुहानी मुझे लेने,
पकड़ मेरा हाथ ले गयी अपने साथ,
इन्द्रधनुष बनकर द्वार खड़ा था
रंगो मे डूबा, वो निश्चय ही बड़ा था ।

खोल दरवाजा ले गयी पवन,
सामने थी नीलिमा की चुनरी मगन,
रह-रहकर पवन संग इठलाती थी,
पूछने पर बार-बार बलखाती थी,
देख मुझे बादलों के सिंहासन पर बैठाया
मेरे लिए श्याम सिन्दूरी रथ को बुलाया ।

बोली मुझको, धरा की सैर कर आओ,
हमसे तो मिल लिए, अब जरा धरती घूम आओ,
रथ पर सवार था मै, हरियाली मुझे बुला रही थी
अपने लट नुमा पेड़ों से नीर बड़े गिरा रही थी ।

मुझसे बोली सबका ख्याल मैं रखती हूँ,
मैं ही चंचला, मैं ही रागिनी हूँ
मैं ही जननी हूँ सारे जग की,
मैं ही पर्वत, मैं ही मंदाकिनी हूँ
मेरे रहते हुए क्यों है अकेला,
आँखें खोल जरा, संसार तो घूम
पाएगा चारों तरफ हँसी खुशी का मेला ।

        बस उसके बाद ही अँखियों के झरोखें खुल गए,
        बिखरे थे जो सपने मेरे,
        आकर वो मुझसे मिल गए,
        ऐसे क्यों बैठा था बेवजह मैं हारा
        जब सारा जहाँ था हमारा ।

समर्पण

अमरीका पर विमान के हमले के बाद हृदय विदारक वर्णन। एक प्रण जो समाज में सुख शांति ला सकेगा।

- 31 -

आतंकवाद

वो सात समन्दर पार का नजारा था,
आम दिनों सा उस दिन भी रवि ने पुकारा था,
जब प्रातः आठ बजे एक शांती सी छाई थी
जो आने वाले तूफान की करति अगवाई थी ।

        अचानक ही दो विमानों का इमारतों से टकराना,
        क्षण भर में गगनचुंबी अट्टालिकाओं का अस्तित्व,
        मिटाकर खुद पर इतना इतराना
        जैसे पूनम की रात का, अमावश में बदल जाना ।

ये सब रूप है अहिंसा का अपवाद,
जिसने सारे विश्व का गर्व छीना,
वही था ये आतंकवाद,
ये कैसा दैत्य विशाल है,
जिसने कर दिया मानवता को जर्जर,
बना दिया स्वतंत्रता को कंकाल है,
कराह उठी है इंसानियत, देख
इस कपूत के घृणित रूप को धरा को भी मलाल है ।

हर पल शांति को जैसे ये चेताता है,
मजलूमों पर अपना पूरा हक जताता है,
निर्दोष के कान भर कर, उन्हें
जेहाद के नाम पर उकसाता है,
ये कैसा शैतान है जो मासूम बचपन
को भी इस भयानक आग में झुलसाता है ।

आतंकवाद का मूल हरजाना,
भारत को कई बार पड़ा है चुकाना,
अपनी सरहदों को इन घुसपैठियों से बचाने
कितनी बार आया भारतीय सैनिक अपना सीना ताने ।

हो एकजुट सारा विश्व,
और अधिक करो ना वक्त बरबाद,
जिसको इस धरती से मिटाना है
वो है शांति का भक्षक आतंकवाद ।

लौट आए फिर सुकून संसार में,
दिख जाए नई ज्योति अंधकार में,
हो मासूमों के पास उनका बचपन,
हो जीवन में सुख समृद्धि
हँसती रहे धरा और मुस्कुराए तनमन ।

सन् 1999 में उड़ीसा मे भयानक तूफान आया जिसने काफी तबाही मचाई । लाखों लोग अपनी जान से हाथ धो बैठे। ईश्वर से मेरी एक करूण पुकार ।........

- 32 -

तूफान

वो अंधेरी रातों का साया,
वो सोयी हुई आँखों की काया,
सब धुँधला सा गया
जब हवा को बौखलाते पाया ।

      उस हवा में आज गरमी थी,
      उस हवा मे आज गुस्सा था,
      उसकी वो नाजुक शीतलता ना जाने कहाँ गई
      उसकी वो मासूम चंचलता ना जाने कहाँ गई ।

क्रुद्ध सी दिख रही थी,
मानो किसी युद्ध मे लीन हो,
जो जीवन दायनी थी कभी
आज वही मानों प्राण हर रही हो ।

      उसके इस विकराल रूप का नाम था तूफान,
      जिसने घरों को उजाड़ा और लोगों को किया परेशान,
      पर तब बड़ा दुख हुआ जब मजबूर हुआ इन्सान
      ना अपनों को बचा पाया और ना ही अपने प्राण ।

चला गया वो राक्षस बजते ही चार,
पीछे छोड़ गया अपनी चीख और पुकार,
उन मासूमों के चेहरे पर थी,
खौफ की हाहाकार,
दिल में थी, भय की चित्कार,
आँखें ढूंढ रही थी अपनों को
कहाँ छिप गए जो करते थे दुलार ।

चारों तरफ लाशों का ढेर था,
चारों तरफ बिखरा मायूस पेड़ था,
कुछ भी तो ना छोड़ा था उसने,
रवि की किरण लेकर आई नया सवेरा
पर उनके सूने दिलों में अँधेर था ।

उस खुदा से बस अब यही दुआ है,
उन मासूमों की रक्षा करना,
बहुत गम दे दिए उस पापी ने,
पर अब उनकी तू सुरक्षा करना,
इस दर्द को भुलाने का उनको रास्ता दिखाना
और उनके अँधेरे घरों में उम्मीद का दीपक जलाना ।

कारगिल युद्ध में शहीद हुए जवानों को नम आँखों से श्रद्धांजलि ।

- 33 -
हे वीर जवान

हम अमन का फरिश्ता बने,
उन्होनें पीछे से वार किया,
हम शांति का दूत बने
उन्होने विश्वासघात किया ।

        हमारी सरहदों पर बेखौफ चल दिए,
        हमारी चोटियों पर कई कब्जे किए,
        हम भी हैं वीर भारती की संतान,
        उन्होने जंग का बिगुल बजाया है,
        पर इस जंग को अंजाम देगा भारतीय जवान ।

है नमन उन जवानों को,
जो तूफानों में भी लौ बनकर दमक रहे,
है नमन उन दीवानों को,
जो देश की आन के खातिर
सागर में मोती सा चमक रहे ।

उन बर्फीली चोटियों को साथ हमारा देना होगा,
उन ठण्डी हवाओं को साथ हमारे बहना होगा,
वो रास्तों को हमारे रोक नही सकते,
वो इरादों को हमारे तोड़ नही सकते,
चाहे आँधी आए, चाहे तूफान आए
साथ हमारे उस खुदा को भी रहना होगा ।

हमारे जवानों से हिन्दुस्तान है,
हमारे जवानों से ही भारत की आन है,
है नमन उन जवानों को, जो विजय लक्ष्य को जाते,
है नमन उन जवानों को जो सौ करोड़,
देशवासियों के लिए हँसते-हँसते कुर्बां हो जाते ।

जय हिन्द

ये कविता मैंने उन कैंसर रोगियों पर लिखी है जो अपने जीवन के साथ खिलवाड़ करते हैं। जानबूझ कर सिगरेट, पान, तम्बाकू खाकर अपने शरीर को नुकसान पहुँचाते हैं। कैंसर रूपी बीमारी की चपेट मे आकर अपने परिवार को भी मुसीबत में डालते हैं।

- 34 -

प्यारा चमन

ऐ गहन निद्रा मे लिप्त इंसान,
क्यों खाता है तू तम्बाकू और पान,
क्या अपना जीवन तुझे प्यारा नही
क्या कोई अपना तुम्हारा नही ।

        धूम्रपान का धुआँ समझ,
        तेरे साथ - साथ कर देगा,
        तेरे परिवार को वो खोखला,
        ना रहोगे तुम जीवित
        ना बचेगा तुम्हारा प्यारा घोसला ।

सुपारी या गुटखा देगा तुमको दावत,
यमराज स्वयं आयेंगे करने स्वागत,
उनके साथ मिलेगा तुम्हें यमलोक का मजा
और देना अपने परिवार को अपने किये की सजा ।

रोता बिलखता छोड़ जाना अपनों को,
यही तो तुम्हारा अरमान है,
वरना करते तुम तौबा इससे
यह मानव जीवन का शैतान है ।

बचना था तुम्हें कैंसर के दीवानों से,
लड़ना था तुम्हें मौत के परवानों से,
फिर होता नई सुबह का आगमन
जहाँ हँसते तुम, मुस्कुराता तुम्हारा प्यारा चमन ।

हमारे भारत की आन बान और शान.......... हमारा तिरंगा ।

- 35 -

तिरंगा

रहे सदा ऊँचा हरदम,
तू मेरी शान मेरा मान है,
सारे जहाँ में सबसे अच्छा
तू मेरा गौरव, मेरा सम्मान है ।

हिमालय सा पावन तू,
निर्मल जैसे गंगा है,
हर भारतवासी की जान तू
तू सबका प्यारा तिरंगा है ।

इतने बड़े भारत को समेटे,
सब लोगों की कला को लपेटे,
खड़ा अचल अटल लहराता है,
जीवन सफल उसी का
जो तुझको फहराता है ।

तीन रंगों का मेल निराला,
भगवा संस्कृति का रखवाला,
सफेद शांति का संदेश है देता,
हरा हरियाली का विश्व विजेता

अशोक चक्र से भला कौन है अन्जान
देता विजय पताका को एक अनोखी पहचान ।

      मेरे भारत के ध्वज का क्या कहना,
      हमें सदा इसकी छाया के नीचे रहना,
      इसकी रक्षा की खातिर,
      खड़ा सिपाही सीना ताने,
      हर बाधा को पार कर जाते
      अपने तिरंगे को बचाने ।

हमारे इतिहास की ये अमर निशानी है,
हमसे तिरंगा नही,
तिरंगे से हम हैं
तिरंगे से हर एक हिन्दुस्तानी है ।

ये कविता अपनी प्यारी भतीजी इशु के लिए लिखी थी जो महज चार साल की उम्र में हम सब को छोड़ कर इस दुनिया से चली गई।

- 36 -
गुड़िया

तू इठलाती बलखाती थी,
तू सबके दिल को भाती थी,
फिर क्या खता हुई हमसे
जो तू हरपल दूर जाती थी ।

      तुझ सी सुन्दर कोई नही थी,
      तुझ सी प्यारी कोई नही थी,
      तू तो सबकी आँखों का तारा थी
      तू तो हमारी छोटी सी दुनिया का सहारा थी ।

तू महकते फूलों की क्यारी थी,
तू तो सारे घर की राज दुलारी थी,
फिर क्यों चली गई छुड़ा के हाथ
क्यों छोड़ गई सबको अपनी यादों के साथ ।

      तेरी कोमल हँसी दिल को भाती,
      तेरी नाजुक उंगलियाँ जब चेहरे पर जाती,
      ऐसा लगता मानो ओस की पहली बूँद हो
      जो माथे से बहकर जमीं को भिगाती ।

तू तो हमारी नन्ही सी गुड़िया थी,
जिससे हर कोई अपना दिल बहलाता,
तू तो रवि की वो लालिमा थी
जिसके पड़ने पर हर गम दूर हो जाता ।

फिर ये अंधेरा करके क्यों गई तू,
क्यो रोता हुआ छोड़ गई तू,
एक ही पल मे जिन्दगी बेरंग हुई
क्यों सपनों को ही रौंद गई तू ।

बीता बचपन लौट के नहीं आता । उसी मासूम बचपन को समर्पित मेरी ये कविता ।

- 37 -

बचपन

बैठी थी एक दिन आँखों को मीचे,
पहुँच गयी अपने खोये बरसों के पीछे,
देखा एक-एक साल मुझे बुला रहा था,
मेरे बचपन की गुड़िया को
अपनी बाहों में झुला रहा था।

मुझसे बोला भूल ना जाना मुझको,
तुम्हारे नन्हे हाथों से रेत का किला बनाया था,
रोती थी जब, तो कई बार घोड़ा बनकर हंसाया था,
वो मेरी अन्जान रातों को प्यार से सुला रहा था,
मेरे बचपन की गुड़िया को
अपनी बाहों मे झुला रहा था।

उसकी वो परियों की जादुई कहानी,
जो मेरे दिल को छू सी जाती थी,
वो सर्द मौसम मे भी ठंडा पानी,
जिसको पीकर छींक मुझे आती थी,
कई बार जब डांट पड़ती,
तो वो विस्मय से मुँह फुला रहा था,
मेरे बचपन की गुड़िया को
अपनी बाहों में झुला रहा था।

बीता पल लौट के नही आता,
जो चला गया वो सब ख़्वाबों में रह जाता,
अचानक आँख खुल सी जाती है मेरी,
कोशिश की बहुत रोकने की पर,
वो तो मेरी यादों को मुझसे चुरा रहा था,
वो मेरी बचपन की गुड़िया को
अपनी बाहों में झुला रहा था ।

इतने बड़े बागों का राजा आज शहरीकरण के कारण सिमट रहा है, पेड़ कट रहे हैं जो सब तरफ से मनुष्य के भविष्य को ही खतरों मे डाल रहे हैं। उनकी व्यथा मेरे शब्दों में।

- 38 -

पेड़

मेरा घर बदल दिया,
मुझे पता भी न चला,
थोड़ा सा सोने क्या गया,
मेरा चमन ही बिखर गया ।

आज मैं कहीं और हूँ,
जिन्दगी के दूसरे दौर में हूँ,
कल तक वनों की शोभा था,
आज शहर के शोर में हूँ ।।

जो जमीन पर कभी खिलता था,
तेज हवाओं के झोंको में पलता था,
लाखों सायों का था सरताज,
आज तन्हाई बन गई हमराज ।

चार दीवारी के चंद मिट्टी के बर्तनों में
मुझे सिमटाकर रख दिया,
मेरे इठलाते झल्लेदार तनों को,
तुमने फाड़ कर रख दिया,
अपनी मिट्टी की सुगंध से मरहूम हो गया हूँ,
मंज़िल की ओर निकला था
पर रास्तों में ही गुम हो गया हूँ ।

वो चिड़ियों की चहक,
मेरे अपने फूलों की महक,
सब छोड़कर चल दिए मुझे,
सिसकता रहा, बिलखता रहा,
अपने आँसुओं को पीता रहा,
कैसे बीत गया वो जमाना,
ना जाने हो गई कितनी देर,
आज सिकुड़ा हुआ पड़ा हूँ गमलों में
मैं तन्हा सा अकेला पेड़।

क्रोध से सारा कुल नष्ट हो जाता है उसी क्रोध की दास्तान जिस पर अगर हम काबू पा लें तो हमारा जीवन स्वर्ग बन जाएगा ।

- 39 -

क्रोध

मैं क्रोध में था छूट गया सब मेरा,
चारों ओर उजाला था पर क्यों छा गया अंधेरा,
प्यार मिला था सबका मुझको,
पर प्यार को समझ ना पाया,
दूर हुए सब ऐसे मुझसे,
जैसे शरीर को छोड़े है साया ।

मेरी प्यारी माँ थी, जो ममता की थी मूरत,
उसकी भोली आँखें थी, और भोली सी सूरत,
मेरे दुर्भाग्य ने मुझे जगाया,
और मुझसे वो दुष्कर्म कराया,
जिस माँ ने मुझे नाज़ों से था पाला,
उसे पल भर में मैंने घर से निकाला ।

मेरे पिता का सपना था,
सब थे गैर एक मैं ही अपना था,
सोचा था उन्होने, बुढ़ापे मे सहारा देगा,
पर क्या मालूम था उन्हें, कि वो दर्द करारा देगा,
पिता के विश्वास को मैने तोड़ा,
उनके दर्द में और दुखः जोड़ा,
उनको भी मेरे परिवार ने छोड़ा,

ये सब मेरे क्रोध ने कराया था
अहंकार के संसार में मुझे सुलाया था ।

मैं रहने लगा आराम से,
अपनी पत्नी, अपने बच्चों के संग,
खुश था अपने आप में,
ले रहा था ज़िन्दगी के रंग,
माँ-बाप की आह जब लगती है,
बादल गरजते और सोई धरती तड़पती है,
मेरी बदनसीबी देखो,
इतना कमाया था जीवन में मैंने,
था मेरे पास गाड़ी और बंगला,
पर हवा के झोकों मे सब उड़ गया,
हो गया मैं गरीब, हो गया कंगला ।

मेरा परिवार मरने लगा,
रस्ते पर कचरे के समान सड़ने लगा,
क्या कहूँ मेरे व्यवहार ने मुझे डुबाया,
दुनिया हँस रही थी और मुझे रुलाया,
अचानक अंधकार में दीया टिमटिमाया,
मानो शरीर मे लौट आया था साया,
मेरे माँ-बाप पेंशन से कर रहे थे गुजारा,
मेरी करूण चीत्कार सुनकर,
माँ ने बेटा कहकर पुकारा,
मुझे फिर से दिया जीवन सहारा,
मेरी करोड़ों गल्तियों को एक पल में ही माफ कर डाला ।

इस बार क्रोध पर रखा मैने काबू,
कर गई मेरी मेहनत जादू,
पुनः लौट आया था मेरा,
जो कुछ मैंने था खोया,
माँ-बाप की दुआ से सुधरा मेरा हाल,
सचमुच उनका हृदय था बड़ा विशाल,
उनको वापस बुला एक सबक था सीखा,
माता-पिता एक पूँजी हैं,
जिन्हे कभी मत ठुकराना,
ये चले गये तो चली जायेगी, जीवन की कांति,
इनके आशीर्वाद से ही घर में,
आयेगी सुख और शांति ।

मेरी माँ को समर्पित ये कविता जो वास्तविक में मेरे दिल की करुण पुकार है।

- 40 -

माँ मुझको बहुत याद आती हो तुम

कैसे तन्हा छोड़ गई तुम,
कैसे हमसे मुँह मोड़ गई तुम,
तुम्हारे बिना कभी कोई पल ना बीता,
ऐसे कैसे इतनी दूर चली जाती हो तुम
माँ मुझको बहुत याद आती हो तुम ।

    बचपन से लेकर आज तलक,
    कोई दिन ना बीता था पाएँ तेरी झलक,
    तुम चुपचाप सुनती रहती मेरी हर बकवास,
    किसी की जरूरत नही लगी मुझे,
    जब तुम थी मेरे पास,
    हर वो मेरी बात को कैसे सुन जाती हो तुम,
    माँ मुझको बहुत याद आती हो तुम ।

तुम्हारे चेहरे का तेज मुझको बहुत भाता था,
तुम्हारे शांत स्वभाव से मन खिल सा जाता था,
ईश्वर पर आस्था रखना और खुद पर रखना विश्वास,
बोली मुझको हँसती रहना हरपल बेटा, कभी ना होना उदास,
इतनी गहरी बात यूँ आसानी से कैसे कह जाती हो तुम,
माँ मुझको बहुत याद आती हो तुम ।